AF326049

LOIX
ET RÈGLEMENS

CONCERNANT

LE LOGEMENT

ET

LE CASERNEMENT

DES TROUPES.

Se trouve à Metz, chez COLLIGNON,
et à Strasbourg, chez LEVRAULT, Imprimeurs-
Libraires.

LOIX ET RÈGLEMENS

CONCERNANT

LE LOGEMENT ET LE CASERNEMENT

DES TROUPES.

LOI concernant la conservation et classement des places de guerre et postes militaires, la police des fortifications et autres objets y relatifs.

Du 10 juillet 1791.

L'ASSEMBLÉE NATIONALE, sur le rapport de son comité militaire, décrète ce qui suit :

TITRE PREMIER.

Conservation et classement des places de guerre et postes militaires ; police des fortifications.

ARTICLE PREMIER.

LES places de guerre et postes militaires seront partagés en trois classes, suivant leur degré d'importance, et conformément au tableau qui sera réglé et annexé au présent décret.

Les places et postes de la première classe seront

Logem. et Casern.   A

non-seulement entretenus avec exactitude , mais encore renforcés dans toutes celles de leurs parties qui l'exigeront , et constamment pourvus des principaux moyens nécessaires à leur défense.

Ceux de la seconde classe seront entretenus sans augmentation , si ce n'est pour l'achèvement des ouvrages commencés ; et ceux de la troisième classe seront conservés en masse , pour valoir au besoin , sans démolition et sans autre entretien que celui des bâtimens qui seront conservés pour le service militaire , et des ouvrages relatifs aux manœuvres des eaux.

2. Ne seront réputés places de guerre ou postes militaires , que ceux énoncés au tableau annexé au présent décret.

3. Dans le nombre des places de guerre et postes militaires , désignés en l'article précédent , si un examen ultérieur prouvoit que quelques forts ou citadelles , tours ou châteaux sont absolument inutiles à la défense de l'état , ils pourroient être supprimés et démolis , en tout ou en partie , et leurs matériaux et emplacemens aliénés au profit du trésor public.

4. Nulle construction nouvelle de places de guerre ou postes militaires , et nulle suppression ou démolition de ceux actuellement existant , ne pourront être ordonnées que d'après l'avis d'un conseil de guerre , confirmé par un décret du corps législatif , sanctionné par le roi.

5. Les places de guerre et postes militaires seront considérés sous trois rapports ; savoir , dans *l'état de paix* , dans *l'état de guerre* et dans *l'état de siége.*

6. Dans les places de guerre et postes militaires , lorsque ces places et postes seront en *état de paix* , la police intérieure et tous autres actes du pouvoir civil , n'émaneront que des magistrats et autres officiers civils préposés par la constitution pour veiller au maintien des loix ; l'autorité des agens militaires ne pouvant s'étendre que sur les troupes et sur les autres objets dépendant de

leur service, qui seront désignés dans la suite du présent décret.

7. Dans les places de guerre et postes militaires, lorsque ces places et postes seront en *état de guerre*, les officiers civils ne cesseront pas d'être chargés de l'ordre et de la police intérieurs ; mais ils pourront être requis par le commandant militaire, de se prêter aux mesures d'ordre et de police qui intéresseront la sûreté de la place ; en conséquence, pour assurer la responsabilité respective des officiers civils et des agens militaires, les délibérations du conseil de guerre, en vertu desquelles les réquisitions du commandant militaire auront été faites, seront remises et resteront à la municipalité.

8. *L'état de guerre* sera déterminé par un décret du corps législatif, rendu sur la proposition du roi, sanctionné et proclamé par lui.

9. Et dans le cas où le corps législatif ne seroit point assemblé, le roi pourra, de sa seule autorité, proclamer que tels places ou postes sont en *état de guerre*, sous la responsabilité personnelle des ministres ; mais lors de la réunion du corps législatif, il délibérera sur la proclamation du roi, à l'effet de la valider ou de l'infirmer par un décret.

10. Dans les places de guerre et postes militaires, lorsque ces places et postes seront en *état de siége*, toute l'autorité dont les officiers civils sont revêtus par la constitution, pour le maintien de l'ordre et de la police intérieurs, passera au commandant militaire, qui l'exercera exclusivement, sous sa responsabilité personnelle.

11. Les places de guerre et postes militaires seront en *état de siége*, non-seulement dès l'instant que les attaques seront commencées, mais même aussi-tôt que par l'effet de leur investissement par des troupes ennemies, les communications du dehors au dedans, et du dedans au dehors, seront interceptées à la distance de dix-huit cents toises des crêtes des chemins couverts.

12. *L'état de siége* ne cessera que lorsque l'investissement sera rompu ; et dans le cas où les attaques auroient été commencées, qu'après que les travaux des assiégeans auront été détruits, et que les brèches auront été réparées, ou mises en état de défense.

13. Tous terrains de fortifications des places de guerre ou postes militaires, tels que remparts, parapets, fossés, chemins couverts, esplanades, glacis, ouvrages avancés, terrains vides, canaux, flaques ou étangs dépendant des fortifications, et tous autres objets faisant partie des moyens défensifs des frontières du royaume, tels que lignes, redoutes, batteries, retranchemens, digues, écluses, canaux et leurs francs-bords, lorsqu'ils accompagnent les lignes défensives ou qu'ils en tiennent lieu, quelque part qu'ils soient situés, soit sur les frontières de terre, soit sur les côtes et dans les îles qui les avoisinent, sont déclarés *propriétés nationales ;* en cette qualité leur conservation est attribuée au ministre de la guerre, et, dans aucun cas, les corps administratifs ne pourront en disposer ni s'immiscer dans leur manutention d'une autre manière que celle qui sera prescrite par la suite du présent décret, sans la participation dudit ministre, lequel, ainsi que ses agens, demeureront responsables en tout ce qui les concerne, de la conservation desdites propriétés nationales, de même que de l'exécution des loix renfermées au présent décret.

14. L'assemblée nationale n'entend point annuller les conventions ou règlemens en vertu desquels quelques particuliers jouissent des productions de certaines parties de lignes, redoutes, retranchemens ou francs-bords de canaux ; mais elle renouvelle, en tant que de besoin, la défense de les dégrader, d'en altérer les formes ou d'en combler les fossés ; les dispositions ci-dessus ne concernant point les jouissances à titre d'émolumens, et ne dérogeant point à ce qui est prescrit *article 69 du titre III du présent décret.*

15. Dans toutes les places de guerre et postes militaires, le terrain compris entre le pied du talus du rempat, et une ligne tracée du côté de la place, à quatre toises du pied dudit talus, et parallèlement à lui, ainsi que celui renfermé dans la capacité des redans, bastions, vides ou autres ouvrages qui forment l'enceinte, sera considéré comme terrain militaire national, et fera rue le long des courtines et des gorges des bastions ou redans ; dans les postes militaires qui n'ont point de rempart, mais un simple mur de clôture, la ligne destinée à limiter intérieurement le terrain militaire national, sera tracée à cinq toises du parement intérieur du parapet ou mur de clôture, et fera également rue.

16. Si, dans quelques places de guerre et postes militaires, l'espace compris entre le pied du talus du rempart ou le parement intérieur du mur de clôture et les maisons ou autres établissemens des particuliers, étoit plus considérable que celui prescrit par l'article précédent, il ne seroit rien changé aux dimensions actuelles du terrain national.

17. Les agens militaires veilleront à ce qu'aucune usurpation n'étende à l'avenir les propriétés particulières au-delà des limites assignées au terrain national ; et cependant toutes personnes qui jouissent actuellement de maisons, bâtimens ou clôtures qui débordent ces limites, continueront d'en jouir sans être inquiétées ; mais dans le cas de démolition desdites maisons, bâtimens ou clôtures, que cette démolition soit volontaire, accidentelle, ou nécessitée par le cas de guerre et autres circonstances, les particuliers seront tenus, dans la restauration de leurs maisons, bâtimens et clôtures, de ne point outre-passer les limites fixées au terrain national par l'article 15 ci-dessus.

18. Les particuliers qui, par les dispositions de l'article 17 ci-dessus, perdront une partie du terrain qu'ils possèdent, en seront indemnisés par le trésor public, s'ils fournissent le titre légitime

de leur possession ; l'assemblée nationale n'entendant d'ailleurs déroger en rien aux autres conditions en vertu desquelles ils seront entrés en jouissance de leur propriété.

19. Les dispositions des articles 15, 16, 17 et 18 ci-dessus, seront susceptibles d'être modifiées dans les places où quelques portions de vieilles enceintes non bastionnées font parties de fortifications. Dans ce cas, les corps administratifs et les agens militaires se concerteront sur l'étendue à donner au terrain militaire national, et le résultat de leurs conventions approuvé par le ministre de la guerre, deviendra provisoirement obligatoire pour les particuliers ; lesquels demeureront néanmoins réservés aux indemnités qui pourront leur être dues, et qui seront réglées à l'amiable, s'il se peut, par les départemens, sur l'avis des districts, et en cas de décord, par le tribunal du lieu.

20. Les terrains militaires nationaux et extérieurs aux places et postes, seront limités et déterminés par des bornes, toutes les fois qu'ils ne se trouveront pas l'être déjà par des limites naturelles, tels que chemins, rivières ou canaux, etc. Dans le cas où le terrain militaire national ne s'étendroit pas à la distance de vingt toises de la crête des parapets des chemins couverts, les bornes qui devront en fixer l'étendue seront portées à cette distance de vingt toises, et les particuliers légitimes possesseurs seront indemnisés, aux frais du trésor public, de la perte du terrain qu'ils pourront éprouver par cette opération.

21. Dans les postes sans chemins couverts, les bornes qui fixeront l'étendue du terrain militaire national, seront éloignées du parement extérieur de la clôture, de quinze à trente toises, suivant que cela sera jugé nécessaire.

22. Tous terrains dépendant des fortifications, qui, sans nuire à leur conservation, seront susceptibles d'être cultivés, ne le seront jamais qu'en nature d'herbages, sans labour quelconque et

sans être pâturés, à moins d'une autorisation du ministre de la guerre.

23. Le ministre de la guerre désignera ceux desdits terrains qui seront susceptibles d'être cultivés, et dont le produit pourra être récolté sans inconvéniens ; il indiquera pareillement ceux des fossés, les canaux, flaques ou étangs qui seront susceptibles d'être pêchés. Il adressera les états de ces divers objets aux commissair s des guerres qui, conjointement avec les corps administratifs et de la manière qu'il est prescrit aux articles 5, 6, 7, 8, 9 et 10 du titre VI, les affermeront à l'enchère, en présence des agens militaires qui auront été chargés par le ministre de prescrire les conditions relatives à la conservation des fortifications.

24. Les fermiers de toutes les propriétés nationales dépendant du département de la guerre, seront responsables de toutes les dégradations qui seront reconnues provenir de la faute d'eux ou de leurs agens. Et lorsque le service des fortifications obligera de détériorer par des dépôts de matériaux, ou des emplacemens d'ateliers, ou de toute autre manière, les productions de quelques parties de terrains qui leur seront affermés, l'indemnité à laquelle ils auront droit de prétendre sera estimée par des experts, et il leur sera fait, sur le prix de leurs baux, une déduction égale au dédommagement estimé.

25. Toutes dégradations faites aux fortifications ou à leurs dépendances, telles que portes, passages d'entrée des villes, barrières, ponts-levis, ponts dormans, etc. seront dénoncées par les agens militaires aux officiers civils chargés de la police, lesquels seront tenus de faire droit, suivant les circonstances et les caractères du délit.

26. Nulle personne ne pourra planter des arbres dans le terrain des fortifications, émonder, extirper ou faire abattre ceux qui s'y trouvent plantés, sans une autorisation du ministre de la guerre : ceux desdits arbres qu'il désignera comme inutiles

au service militaire, seront vendus à l'enchère, conformément à ce qui est prescrit à l'article 23 ci-dessus, pour l'affermage des terrains.

27. Tous les produits provenant des propriétés nationales dépendant du département de la guerre, seront perçus par les corps administratifs, et versés par eux au trésor public, ainsi que cela sera réglé par les loix concernant l'organisation des finances.

28. Pour assurer la conservation des fortifications et la récolte des fruits des terrains affermés, il est défendu à toutes personnes, sauf aux agens militaires et leurs employés nécessaires, de parcourir les diverses parties desdites fortifications, spécialement leurs parapets et banquettes; n'exceptant de cette disposition que le seul terre-plein du rempart du corps de place, et les parties d'esplanade qui ne sont pas en valeur, dont la libre circulation sera permise à tous les habitans, depuis le soleil levé jusqu'à l'heure fixée pour la retraite des citoyens, et laissant aux officiers municipaux, de concert avec l'autorité militaire, le droit de restreindre cette disposition toutes les fois que les circonstances l'exigeront.

29. Il ne sera fait aucun chemin, levée ou chaussée, ni creusé aucun fossé dans l'étendue de cinq cents toises autour des places, et de trois cents toises autour des postes militaires, sans que leur alignement et leur position aient été concertés avec l'autorité militaire.

30. Il ne sera à l'avenir bâti ni reconstruit aucune maison, ni clôture de maçonnerie autour des places de première et seconde classe, même dans leurs avenues et fauxbourgs, plus près qu'à deux cent cinquante toises de la crête des parapets des chemins couverts les plus avancés: en cas de contravention, ces ouvrages seront démolis aux frais des propriétaires contrevenans. Pourra néanmoins le ministre de la guerre déroger à cette disposition, pour permettre la construction de moulins et autres semblables usines, à une distance moindre que celle prohibée par le présent

article, à condition que lesdites usines ne seront composées que d'un rez-de-chaussée, et à charge par les propriétaires de ne recevoir aucune indemnité pour démolition, en cas de guerre.

31. Autour des places de première et seconde classe, il sera permis d'élever des bâtimens et clôtures en bois et en terre, sans y employer de pierre ni de briques, même de chaux ni de plâtre, autrement qu'en crépissage, mais seulement à la distance de cent toises de la crête du parapet du chemin couvert le plus avancé, et avec la condition de les démolir, sans indemnité, à la réquisition de l'autorité militaire, dans le cas où la place légalement déclarée en *état de guerre*, seroit menacée d'une hostilité.

32. Autour des places de troisième classe et des postes militaires de toutes les classes, il sera permis d'élever des bâtimens et clôtures de construction quelconque au-delà de la distance de cent toises des crêtes des parapets des chemins couverts les plus avancés, ou des murs de clôture des postes, lorsqu'il n'y aura pas de chemins couverts.

Le cas arrivant où ces places et postes seroient déclarés dans l'*état de guerre*, les démolitions qui seroient jugées nécessaires à la distance de deux cent cinquante toises et au-dessous de la crête des parapets des chemins couverts et des murs de clôture, n'entraîneront aucune indemnité pour les propriétaires.

33. Les indemnités prévues par les articles 30, 31 et 32, seront dues néanmoins aux particuliers, si, lors de la construction de leurs maisons, bâtimens et clôtures, ils étoient éloignés des crêtes des parapets des chemins couverts les plus avancés, de la distance prescrite par les ordonnances.

34. Les décombres provenant des bâtisses et autres travaux civils et militaires, ne pourront être déposées à une distance moindre de cinq cents toises de la crête des parapets des chemins

couverts les plus avancés des places de guerre , si ce n'est dans les lieux indiqués par les agens de l'autorité militaire ; exceptant de cette disposition ceux des détrimens qui pourroient servir d'engrais aux terres , pour les dépôts desquels les particuliers n'éprouveront aucune gêne , pourvu qu'ils évitent de les entasser.

35. Les écluses dépendant des fortifications , soit dedans , soit dehors des places de guerre de toutes les classes, ne pourront être manœuvrées que par les ordres de l'autorité militaire , laquelle , dans l'état de paix , sera tenue de se concerter avec les municipalités ou les directoires des corps administratifs , pour diriger les effets desdites écluses de la manière la plus utile au bien public.

36. Lorsqu'une place sera en *état de guerre*, les inondations qui servent à sa défense ne pourront être tendues ou mises à sec sans un ordre exprès du roi; il en sera de même pour les démolitions des bâtimens ou clôtures qu'il deviendroit nécessaire de détruire pour la défense desdites places , et en général cette disposition sera suivie pour toutes les opérations qui pourroient porter préjudice aux propriétés et jouissances particulières.

37. Dans le cas d'urgente nécessité , qui ne permettroit pas d'attendre les ordres du roi, le commandant des troupes assemblera le conseil de guerre, à l'effet de délibérer sur l'état de la place et la défense de ses environs, et d'autoriser la prompte exécution des dispositions nécessaires à sa défense.

38. Dans les cas prévus par les articles 35 , 36, et 37 ci-dessus, les particuliers dont les propriétés auront été endommagées, seront indemnisés aux frais du trésor public , sauf pour les maisons , bâtimens et clôtures existant à une distance moindre de deux cent cinquante toises de la crête des parapets des chemins couverts.

39. Dans les places et postes de troisième

classe, où il y a des municipalités, il ne sera fourni aucuns fonds par le trésor public, pour l'entretien des ponts, portes et barrières : ces diverses dépenses devant être à la charge des municipalités, si elles désirent conserver lesdits ponts, portes et barrières.

40. Les municipalités des places et postes de troisième classe pourront, si elles le jugent convenable, supprimer les ponts sur les fossés, et leur substituer des levées en terre, avec des ponceaux pour la circulation des eaux, dont lesdits fossés peuvent être remplis, à la charge à elles de déposer dans les magasins militaires les matériaux susceptibles de service, tels que les plombs, les fers et les bois sains provenant de la démolition desdits ponts ; et à charge encore de ne, pas dégrader les piles et culées de maçonnerie sur lesquelles ces ponts seront portés.

41. Il est défendu à tout particulier, autre que les agens militaires désignés à cet effet par le ministre de la guerre, d'exécuter aucune opération de topographie sur le terrain à cinq cents toises d'une place de guerre, sans l'aveu de l'autorité militaire. Cette faculté ne pourra être refusée lorsqu'il ne s'agira que d'opérations relatives à l'arpentement des propriétés.

Les contrevenans à cet article seront arrêtés et jugés conformément aux loix qui seront décrétées sur cet objet dans le code des délits militaires.

SUITE DU TITRE PREMIER

Des employés des fortifications.

ARTICLE PREMIER.

Tous les employés des fortifications, connus ci-devant sous les noms d'*inspecteurs de casernes, de caserniers, de fonteniers, de citerniers, d'éclusiers, de gardes de fortifications, digues, lignes, épis, jetées, etc.* seront désignés dorénavant sous les noms de *gardes des fortifications*, et *d'éclusiers des fortifications*.

2. Les emplois de gardes et d'éclusiers des fortifications dans les places de première et de seconde classe, ne pourront être donnés qu'à des sujets qui aient été employés six ans au service des fortifications.

3. Nul ne pourra exercer les fonctions de garde et d'éclusier des fortifications, qu'en conséquence de la nomination du roi et d'un brevet de sa majesté.

4. Les gardes et éclusiers des fortifications seront divisés en quatre classes, quant aux appointemens dont ils doivent jouir ;

S A V O I R :

Vingt de la première classe, aux appointemens de 720 liv., ci . . . . 14400 l.

Quatre-vingts de la seconde classe, aux appointemens de 540 liv., ci 43200

Cent vingt de la troisième classe, aux appointemens de 360 liv., ci 43200

Quatre-vingts de la quatrième classe, aux appointemens de 240 liv., ci 19200

Trois cents gardes ou éclusiers des fortifications, coûtent ensemble, par an, 120000 l. ci 120000

Cette somme de cent vingt mille livres sera ajoutée annuellement aux fonds destinés à l'entretien des fortifications et des bâtimens militaires qui en dépendent.

5. Les gardes et éclusiers des fortifications ne seront soumis qu'à l'autorité militaire, dans tout ce qui dépendra de leurs fonctions ; et ils ne recevront d'ordre, pour leur service, que de ceux des agens de cette autorité, qui leur seront désignés à cet effet par les règlemens militaires.

6. Les trois cents gardes et éclusiers des fortifications, désignés à l'article 4 ci-dessus, seront

répartis, par le ministre de la guerre, dans les places et postes militaires, suivant les besoins du service, pour y exercer les fonctions qui leur seront assignées par leur brevet.

7. Les employés actuels des fortifications continueront à exercer leurs fonctions comme ci-devant, et ils n'éprouveront aucune réduction sur les traitemens dont ils jouissent. Quant à l'excédant des fonds affectés à la présente organisation sur ceux qui étoient affectés à l'ancienne, il sera réparti par le ministre de la guerre, tant à ceux des anciens employés dont les fonctions seront augmentées, qu'aux gardes et éclusiers des fortifications qui seront créés suivant la nouvelle organisation, soit pour satisfaire aux besoins du service dans les lieux où ils deviennent nécessaires, soit à mesure de l'extinction des emplois.

8. Tous les gardes et éclusiers des fortifications d'ancienne ou de nouvelle création, seront tenus de résider dans les lieux de leur service, ainsi que d'y porter l'uniforme qui leur sera affecté : faute de se conformer à cette injonction, il sera nommé à leur emploi.

9. Les gardes et éclusiers des fortifications recevront un logement en argent ou en nature, au lieu fixé pour leur résidence.

10. Les gardes et éclusiers des fortifications ne pourront exercer aucun emploi ou charge de communauté, dont le service empêcheroit celui qui leur est confié en qualité de gardes et d'éclusiers des fortifications.

11. Tous priviléges et exemptions, de quelque espèce qu'ils soient, dont ont joui ou pu jouir les employés des fortifications, aux entrées des villes, sur les objets de consommation, seront et demeureront supprimés, à dater de l'époque de la publication du présent décret.

TITRE II.

Suppression des états-majors des places , et retraites accordées à ceux qui les composent.

ARTICLE PREMIER.

Tous les emplois d'officiers d'état-major des places de guerre, citadelles, châteaux et autres postes militaires ou villes de l'intérieur, de quelque grade que soient ces officiers, et sous quelque dénomination qu'ils existent, et toutes leurs fonctions en cette qualité, seront et demeureront supprimés, à dater du premier août de la présente année.

2. Sont également supprimés et compris dans les dispositions du présent décret, les lieutenans-de-roi militaires des bailliages.

3. Il sera accordé auxdits officiers des retraites dont la valeur sera déterminée, tant en conséquence du traitement dont ils jouissent, que de l'ancienneté de leurs services, ainsi qu'il sera expliqué ci-après.

4. A l'effet d'évaluer le traitement en retraite dont devra jouir chacun desdits officiers, on prendra pour base le tarif annexé à l'ordonnance du 18 mars 1776.

5. La pension de retraite dont devra jouir chaque officier d'état-major réformé par le présent décret, sera réglée conformément aux dispositions du décret du 3 août 1790, sauf les modifications qui seront ci-après détaillées.

6. Les officiers des états-majors de place désignés dans l'ordonnance du 18 mars 1776, sous les dénominations de gouverneurs à charge de résidence, de commandans, de lieutenans-de-roi, de majors-commandans, de majors, d'aide-majors, de sous-aide-majors, et les lieutenans-de-roi militaires des bailliages, qui auront plus de vingt ans de service, tant dans la ligne que dans les fonctions d'officiers d'états-majors, compteront dix ans en sus de leur

service effectif, c'est-à-dire, que celui qui n'aura que vingt ans de service, en comptera trente; que celui qui n'en aura que trente-cinq, en comptera quarante-cinq, et ainsi de suite.

7. A vingt ans de service, lesdits officiers obtiendront en retraite le quart du traitement attribué à leurs places par l'ordonnance du 18 mars 1776 : les trois quarts restans seront partagés en vingt parties, dont il leur en reviendra une pour chaque année de service qu'ils auront au-delà de vingt ans, tellement qu'à quarante ans de service révolus, ils auront en retraite la totalité de leur traitement actuel.

8. Quant à ceux qui ont moins de vingt ans de service, leur retraite sera réglée ainsi qu'il suit : à dix ans de service, leur retraite sera d'un huitième ou de dix quatre-vingtièmes de leur traitement actuel ; pour chaque année de service, de dix ans jusqu'à vingt, il leur sera accordé un quatre-vingtième du même traitement ; en sorte qu'à vingt ans de service, il leur reviendra vingt-quatre vingtièmes ou le quart dudit traitement, conformément à l'article précédent.

9. Ceux desdits officiers qui ont le grade de maréchal-de-camp, seront traités comme l'ont été les autres officiers généraux en activité qui ont obtenu des pensions de retraite.

10. Tout officier d'état-major de place qui aura perdu un membre à la guerre, aura en retraite le montant du traitement total dont il jouit.

11. Les officiers retirés à la suite des places, payés de leurs retraites sur les revues de commissaires, et qui avoient obtenu des logemens dans les places à la suite desquelles ils étoient retirés, conserveront lesdits logemens, soit en nature, soit en argent, conformément à leur grade.

12. Tout officier d'état-major de place sera libre de demander que son traitement en retraite soit réglé d'après le grade qu'il avoit en activité dans la ligne, s'il croit y trouver quelqu'avantage ; et l'on ne pourra le lui refuser.

13. Les officiers d'état-major de place n'entreront en jouissance des retraites qui leur sont accordées par le présent décret, qu'au premier d'août 1791 ; en conséquence, ils continueront à jouir de leur traitement actuel jusqu'audit jour exclusivement.

14. Les officiers pourvus de provisions ou de commissions en adjonction ou en survivance des officiers actuels des états-majors de place, conserveront les traitemens dont ils jouissent, jusqu'à la mort des titulaires.

15. En cas de mort des titulaires, lesdits adjoints ou survivanciers perdront les traitemens dont ils jouissent, et seront substitués aux droits des titulaires ; en conséquence, leur nouveau traitement en retraite sera calculé d'après celui affecté à l'emploi dont ils ont la survivance ou l'adjonction et conformément aux règles prescrites par le présent décret. Dans l'évaluation de leur service, ils compteront leur temps de survivancier ou d'adjoint, comme s'ils avoient été en activité dans la ligne.

16. Les officiers qui, lorsqu'ils ont obtenu des emplois dans les états-majors des places, avoient depuis dix ans le grade de lieutenant colonel, recevront le brevet de maréchal-de-camp, conformément aux décrets des 15 février et 3 mars 1791 ; quant à ceux qui lorsqu'ils sont entrés dans les états-majors des places, n'étoient pas lieutenans-colonels depuis dix ans, il leur sera tenu compte, pour obtenir le brevet de maréchal-de-camp, de leurs services dans lesdits états-majors, à raison de neuf mois pour chaque année qu'ils auront passée dans ce dernier service.

17. Les officiers des états-majors de place qui n'ont pas plus de cinquante ans d'âge, et ceux d'entr'eux qui sont officiers généraux, seront susceptibles d'être employés en activité dans le même grade qu'ils avoient dans la ligne, ou dans le grade immédiatement supérieur, moyennant qu'ils soient pourvus de ce premier depuis plus de deux ans. Dans le cas de leur remplacement,
ils

ils cesseront de jouir de la pension de retraite qui leur est attribuée par le présent décret.

18. Ceux des officiers des états-majors de place, qui depuis l'époque du 14 juillet 1789, ont été privés, soit en totalité, soit en partie, des émolumens qui leur étoient affectés par les ordonnances, seront indemnisés jusqu'au jour de leur réforme, d'après l'évaluation qui en sera faite et constatée; ils seront de plus payés de tout ce qui leur sera dû d'arriéré sur leur traitement; lesdites indemnités et payemens seront fournis par les fonds de la guerre.

19. Les corps et officiers civils qui avoient le privilége d'exercer les fonctions d'officiers d'états-majors de place, les cesseront à dater du premier août 1791.

20. Les dispositions précédentes, et toutes autres du présent décret, ne concernent point les colonies françoises hors d'Europe; l'assemblée nationale se réservant de prononcer ultérieurement sur le régime auquel elles devront être soumises.

TITRE III.

Du commandement et du service des troupes en garnison; des rapports entre le pouvoir civil et l'autorité militaire, ainsi qu'entre les gardes nationales et les troupes de ligne dans les places de guerre, postes militaires et garnisons de l'intérieur.

ARTICLE PREMIER.

LE service que faisoient les officiers des états-majors des places, sera rempli par les officiers de la ligne, conformément à ce qui sera prescrit à cet égard par les règlemens militaires; quant au commandement des troupes en garnison, il sera décerné, ainsi qu'il sera expliqué ci-après.

2. Il sera formé des divisions ou arrondissemens comprenant un certain nombre de places, postes

Logem. et Casern.   B ou garnisons. Dans l'un de ces points pris pour chef-lieu, résidera un officier général chargé de surveiller et de maintenir l'ordre et l'uniformité du service dans toutes les places, postes et garnisons de son arrondissement.

3. Dans chaque garnison de place de guerre, poste militaire ou ville de l'intérieur, le commandement des troupes sera dévolu, sous les ordres de l'officier général, chef de l'arrondissement, à celui des officiers employés en activité dans ladite garnison, qui se trouvera le plus ancien dans le grade le plus élevé, sans distinction d'armes.

4. Dans les places de guerre qui auront des citadelles ou châteaux, ainsi que des forts détachés, dépendant du système militaire de ces places, le commandant militaire de la place le sera également des citadelles, forts et châteaux qui en dépendent.

5. Le commandant sera pris, conformément à l'article 3 ci-dessus, parmi tous les officiers composant les garnisons particulières desdites places, citadelles et dépendances, et sera tenu de faire son domicile habituel dans la place.

6. Dans les citadelles, forts et châteaux dépendant d'une place de guerre, il y aura des commandans particuliers subordonnés au commandant de la place.

7. Ces commandans particuliers seront pris chacun dans leurs garnisons respectives, conformément à l'article 3 ci-dessus.

8. Nul officier général ne pourra exercer l'autorité militaire dans les places, postes ou garnisons de son arrondissement, que préalablement il n'ait fait enregistrer ses lettres de service au directoire de chacun des départemens compris dans son arrondissement.

9. Dans chaque arrondissement, l'officier général commandant, chargé de tenir la main à l'exécution des règlemens militaires, sera de plus obligé de se concerter avec toutes les auto-

rités civiles, à l'effet de procurer l'exécution de toutes les mesures ou précautions qu'elles auront pu prendre pour le maintien de la tranquillité publique, ou pour l'observation des loix, ainsi que d'obtempérer à leurs réquisitions, toutes les fois qu'elles seront dans les cas prévus par les loix.

10. Nul officier ne pourra prendre ou quitter le commandement des troupes dans une place, qu'après l'avoir notifié au corps municipal.

11. Seront tenus à la même formalité les officiers en résidence dans les places, et y faisant fonctions de chefs dans leurs parties respectives, tels qu'officiers du génie, de l'artillerie et les commissaires des guerres. La même notification sera faite par eux aux autres corps administratifs, s'il existe entre ces corps et ces officiers quelque relation pour le service public.

12. Tout officier auquel le commandement sera dévolu, par son grade et par son ancienneté, ne pourra refuser de l'exercer.

13. Les commandans particuliers se conformeront dans leurs places respectives, à ce qui est prescrit article 9 du présent titre, pour l'officier général, commandant dans l'arrondissement, ainsi qu'aux ordres qu'ils recevront dudit officier général.

14. Dans tous les objets qui ne concerneront que le service purement militaire, tels que la défense de la place, la garde et la conservation de tous les établissemens et effets militaires, comme hôpitaux, arsenaux, casernes, magasins, prisons, vivres, effets d'artillerie ou de fortifications, et autres bâtimens, effets ou fournitures à l'usage des troupes, la police des quartiers, la tenue, la discipline et l'instruction des troupes, l'autorité militaire sera absolument indépendante du pouvoir civil.

15. Il ne pourra être préjugé de l'article précédent, ni de tous autres du présent décret, que, dans aucun cas, les terrains, bâtimens et établissemens confiés à la surveillance de l'au-

torité militaire, puissent devenir des lieux d'exception ou d'asyle, et soustraire le crime, la licence, les délits ou les abus à la poursuite des tribunaux, l'action des loix devant être également libre et puissante dans tous les lieux sur tous les individus; et nul ne pouvant sans forfaiture, pour aucun cas civil ou criminel, se prévaloir de son emploi et de ses fonctions dans la société, pour suspendre ou détruire l'effet des institutions qui la gouvernent.

16. Dans toutes les circonstances qui intéresseront la police, l'ordre, la tranquillité intérieure des places, et où la participation des troupes seroit jugée nécessaire, le commandant militaire n'agira que d'après la réquisition par écrit des officiers civils, et, autant que faire se pourra, qu'après s'être concerté avec eux.

17. En conséquence, lorsqu'il s'agira, soit de dispositions passagères, soit de mesures de précautions permanentes, telles que patrouilles régulières, détachemens pour le maintien de l'ordre ou de l'exécution des loix, police des foires, marchés ou autres lieux publics, etc. les officiers civils remettront au commandant militaire une réquisition signée d'eux, dont les divers objets seront clairement expliqués et détaillés, et dans laquelle ils désigneront l'étendue de surveillance qu'ils croiront nécessaire; après quoi l'exécution de ces dispositions, et toutes mesures capables de la procurer, telles que consignes, placemens des sentinelles, des bivouacs, conduite et direction des patrouilles, emplacemens des gardes et des détachemens, choix des troupes et des armes, et tous autres modes d'exécution seront laissés à la discrétion du commandant militaire qui en sera responsable, jusqu'à ce qu'il lui ait été notifié par les officiers civils, que ces soins ne sont plus nécessaires, ou qu'ils doivent prendre une autre direction.

18. La force des garnisons sera réglée de manière à ce que, dans les cas du service ordi-

naire, chaque soldat d'infanterie ait huit nuits de repos et jamais moins de six, et chaque homme de troupe à cheval, douze nuits de repos et jamais moins de dix.

19. Nulle troupe ne pourra être changée de la garnison qui lui aura été affectée par le roi, que par un ordre contraire de sa majesté, ou dans les cas urgens, par ceux des agens de l'autorité militaire auxquels le roi en aura délégué la faculté.

20. Nulles dispositions de police ne seront obligatoires pour les citoyens et pour les troupes, qu'autant qu'elles auront été préalablement publiées ; elles seront même affichées si leur importance ou leur durée l'exige. Les publications et affiches seront faites par les municipalités, et les frais en seront supportés par elles.

21. Pour faciliter le service des places, il y aura cinquante officiers qui, sous le nom d'*adjudans de place*, seront distribués dans les forteresses les plus considérables, au nombre de deux au plus par chaque place. Trente de ces officiers auront le grade de capitaine, et seront partagés en deux classes. Quant à leurs appointemens, les quinze plus anciens auront deux mille quatre cents livres, et les quinze moins anciens, dix-huit cents livres par an ; les vingt autres adjudans de place auront le grade de lieutenans et douze cents livres d'appointemens par an ; les uns et les autres, pour cette première formation, seront choisis parmi les officiers des états-majors de places actuellement existans.

22. En cas de mort, retraite ou démission desdits adjudans de place, ils seront remplacés par des officiers choisis dans la ligne. Les lieutenans en activité dans la ligne ne pourront être faits adjudans de place avec brevet de capitaine, qu'autant qu'ils seroient parvenus par les grades, et qu'ils auroient dix ans de service de lieutenant. Les adjudans de place lieutenans seront susceptibles d'être faits adjudans-capitaines, au choix

du roi, après deux ans d'exercice comme adjudans-lieutenans.

23. Dans chaque place de guerre où il y aura garnison habituelle, à l'exception des citadelles et autres postes militaires qui n'ont point de municipalités, et dans les principales garnisons de l'intérieur, il y aura un secrétariat militaire où seront déposés les décrets et réglemens concernant l'armée; et en originaux, les ordres, consignes, réquisitions et autres objets de ce genre, relatifs au service de la place.

24. La garde et le soin de ce secrétariat seront confiés à un secrétaire-écrivain nommé par le roi, et assermenté par-devant le commissaire des guerres.

25. Autant que faire se pourra, l'emploi de secrétaire-écrivain ne sera donné qu'à des sujets qui auront été sous-officiers dans les troupes de ligne.

26. Ces secrétaires-écrivains ne recevront des ordres, quant à leur service, que de l'autorité militaire, et pour tous les objets qui n'intéresseront que le service; ils ne seront justiciables que des tribunaux militaires.

27. Les secrétaires-écrivains jouiront d'appointemens proportionnés à l'étendue des fonctions qu'ils auront à remplir dans les places, postes ou garnisons auxquels ils seront attachés.

28. En conséquence, ils seront répartis, quant aux appointemens, en trois classes, ainsi qu'il suit;

S A V O I R :

Vingt de première classe, aux appointemens de neuf cents liv., dix-huit mille liv., ci . . 18000 l.

Quarante de seconde classe, aux appointemens de six cents liv., vingt-quatre mille liv., ci . . 24000

Soixante de troisième classe, aux appointemens de quatre cent cinquante livres, vingt-sept mille liv., ci. 27000

Cent vingt secrétaires-écrivains, coûtant ensemble, par an, la somme de soixante-neuf mille livres, ci. 69000

29. Il sera désigné, dans les bâtimens militaires de chaque place, un emplacement suffisant pour le secrétariat et le logement du secrétaire-écrivain.

3o. Lorsqu'une troupe arrivera dans une place, elle ne pourra prendre possession des logemens qui lui seront destinés, qu'après que le commissaire des guerres aura fait publier les bans à ladite troupe, en sa présence, par le secrétaire-écrivain.

31. Ces bans rappelleront non-seulement les loix générales de police et de discipline, mais encore celles particulières à la place.

32. Les officiers municipaux seront tenus de donner connoissance de ces bans aux habitans de la place.

33. Le plus ancien des régimens d'infanterie françoise, qui se trouveront en garnison avec des régimens d'infanterie étrangère, prendra toujours le rang sur ces derniers. Les autres régimens d'infanterie françoise et étrangère, dans la même garnison, prendront ensuite rang entr'eux selon la date de leur création.

34. Ne seront réputés régimens d'infanterie étrangère, que ceux qui, en vertu des traités, seront fournis ou avoués par une puissance étrangère : lorsque lesdits régimens se trouveront en garnison avec des régimens d'infanterie françoise, le commandement militaire de la garnison appartiendra, à grade égal, à l'officier des troupes françoises, quelle que soit son ancienneté dans ce grade.

35. Dans tous les cas où les gardes nationales serviront avec les troupes de ligne, les gardes nationales prendront le rang sur toutes les troupes de ligne.

36. Lorsque les gardes nationales serviront avec les troupes de ligne, l'honneur du rang qui est réservé aux premières, n'empêchera pas que le commandement général ne soit toujours déféré

à l'officier le plus ancien dans le grade le plus élevé desdites troupes de ligne.

37. Toutes les fois que les gardes nationales seront mises en activité, elles ne pourront être rassemblées, qu'au préalable les officiers civils n'en aient averti le commandant militaire.

38. Les commandans militaires, dans les places où les gardes nationales feront le service, demanderont à qui il appartiendra, le nombre d'officiers et de soldats desdites gardes nationales nécessaires au service militaire ; mais lesdits commandans ne pourront s'ingérer dans le détail des officiers, sous-officiers et gardes nationales qui devront marcher ; toutes les difficultés de ce genre devant être portées à la décision de leurs officiers supérieurs ou des municipalités, selon ce qui sera réglé à cet égard par le décret concernant l'organisation des gardes nationales.

39. Lorsque les gardes nationales feront le service militaire, les honneurs militaires se rendront réciproquement entr'elles et les troupes de ligne, suivant ce qui sera réglé pour ces dernières.

40. Les honneurs militaires étant dans l'armée un acte de discipline, un signe extérieur destiné à rappeler et à conserver sans cesse parmi les troupes la soumission à l'autorité légitime, la considération nécessaire pour les chefs, et le respect pour les objets du service, seront, par ces mêmes raisons, accordés hors du corps militaire, à titre d'honneur ou de distinction publique, aux objets du culte, à la personne du roi, à celle de l'héritier présomptif du trône, lorsqu'il aura atteint l'âge de majorité fixé par les loix ; dans le cas de minorité du roi, au régent du royaume, aux corps administratifs, judiciaires et municipaux ; aux officiers municipaux individuellement pris, lorsque revêtus du signe distinctif de leurs places, ils seront dans l'exercice de leurs fonctions ; et aux princes régnans,

25

régnans , ainsi qu'à leurs ambassadeurs ou ministres , lorsque le roi aura spécialement donné des ordres à cet effet.

_41. Les honneurs qui se rendront aux corps et aux individus agens du pouvoir civil, seront, savoir : pour les corps administratifs , judiciaires et municipaux , les mêmes qui seront affectés aux maréchaux-de-camp employés ; et pour les officiers municipaux , individuellement pris , les mêmes que pour les capitaines.

42. Les fonctions de la gendarmerie nationale étant essentiellement distinctes du service purement militaire des troupes en garnison , la gendarmerie nationale ne sera jamais regardée comme portion de la garnison des places dans lesquelles elle sera répartie.

43. En conséquence de la disposition précédente , les officiers de la gendarmerie nationale ne concourront point au commandement militaire dans les places.

44. Dans les places de guerre et postes militaires , l'ordre et le mot seront toujours donnés par le commandant militaire ; et dans le cas où les gardes nationales feront quelque service dans la place , le mot sera porté par l'officier ou le sous-officier des gardes nationales qui l'aura reçu à l'ordre , au principal officier municipal ou au commandant des gardes nationales , selon ce qui sera réglé à cet égard par le décret d'organisation des gardes nationales.

45. Dans les garnisons de l'intérieur et dans tous les lieux qui ne seront ni places de guerre , ni postes militaires , lorsque les troupes de ligne seront requises pour faire le service conjointement avec les gardes nationales , ou que lesdites troupes de ligne en seront chargées seules , le commandement , l'ordre et le mot seront donnés conformément à ce qui est prescrit aux articles ci-dessus.

46. Mais lorsque dans les villes ou autres lieux qui ne sont ni places de guerre , ni postes mili-

Logem. et Casern.   C

taires, les gardes nationales seront seules chargées de la garde et de la police desdits lieux, sans participation des troupes de ligne ; alors le mot sera, selon l'usage, composé de deux autres mots, dont le premier sera donné par le principal officier municipal ou par le commandant des troupes nationales, selon ce qui sera ultérieurement réglé, et le second, par le commandant des troupes de ligne.

47. Dans les places de guerre et postes militaires en état de paix, et dans les garnisons de l'intérieur, lorsque les autorités civiles et militaires seront dans le cas de faire battre la générale ou sonner le boute-selle, pour le rassemblement des gardes nationales ou des troupes de ligne, elles devront, au préalable, s'en prévenir réciproquement, sauf le cas de surprise, d'incendie ou d'inondation.

48. Les clefs de toutes les portes, poternes, vannages, aqueducs et autres ouvertures qui donnent entrée dans les places de guerre ou postes militaires, seront toujours confiées au commandant militaire.

49. Et cependant, pour la facilité du commerce et la commodité des habitans et voyageurs, il y aura dans chaque place et poste de guerre, un certain nombre de portes, par lesquelles la communication du dedans au dehors et du dehors au dedans, pourra se faire, *dans l'état de paix*, à toutes les heures de la nuit, comme de jour. Les officiers civils et le commandant militaire se concerteront sur celles desdites portes qui seront affectées à cette destination, sur les formalités à remplir et les précautions à prendre pour éviter les abus : l'exécution de ces dispositions appartiendra toujours au commandant militaire.

50. Lorsque les circonstances exigeront une surveillance plus particulière de la part des officiers civils et militaires, il pourra y avoir à chaque porte des places de guerre, un préposé choisi par la municipalité, lequel sera chargé de recevoir

de tous particuliers arrivant dans la place , la déclaration de leurs noms et qualités , ainsi que de l'auberge ou maison particulière dans laquelle ils se proposeront de loger. Ces renseignemens seront portés aux officiers municipaux , et le commandant militaire pourra ordonner aux commandans des gardes des portes , de faire assister un sous-officier aux déclarations qui seront faites par lesdits particuliers arrivant dans la place , et de lui en rendre compte.

51. Tout particulier qui sera arrêté pour fait de désordre, de contravention aux loix ou à la police, sera remis sans délai , le citoyen à la police civile , le militaire à la police militaire , pour être chacun, suivant les circonstances et la nature du délit , renvoyé aux tribunaux civils ou militaires.

52. Toutes femmes ou filles notoirement connues pour mener une vie débauchée , qui seront surprises avec les soldats dans leurs quartiers , lorsqu'ils seront de service , ou après la retraite militaire , seront arrêtées et remises sans délai à la police civile , pour être jugées conformément aux loix.

53. Les prisons militaires , autant qu'il sera possible , seront toujours séparées des prisons civiles.

54. Le commandant d'une troupe en marche sera tenu d'informer la municipalité du lieu où couchera sa troupe , de l'heure à laquelle il la fera partir le lendemain. Une heure après son départ, les citoyens ne pourront plus porter de plaintes contre elle ; et si pendant ce temps il n'y en a aucunes de portées , la municipalité ne pourra refuser un certificat de bien vivre à l'officier de ladite troupe qui aura dû rester à cet effet.

55. Toute troupe en marche ou prête à marcher , en conséquence d'un ordre du roi , ne pourra , soit en totalité , soit en partie , être détournée de sa destination que par un ordre con-

traire du roi, ou de ceux auxquels il en aura délégué la faculté.

56. Aucun corps administratif ne pourra disposer des munitions de guerre, subsistances, et d'aucunes espèces d'effets, armes ou fournitures confiés au département de la guerre, ni changer leur destination, ni empêcher leur transport légalement ordonné, qu'en vertu d'une autorisation expresse du pouvoir exécutif.

57. Les fonds affectés au département de la guerre, étant à la seule disposition du ministre, sous sa responsabilité, les corps administratifs ne pourront, dans aucun cas, disposer des fonds versés entre les mains des trésoriers du département de la guerre, ni ordonner aucune dépense sur lesdits fonds.

58. Nul officier en activité ne sera tenu de payer sa part des impositions directes et personnelles dans sa garnison, qu'autant qu'elle seroit en même-temps le lieu de son domicile habituel ou de ses propriétés.

59. Tous les émolumens accordés par les anciennes ordonnances militaires aux officiers, de quelque grade et arme qu'ils puissent être, sont et demeureront supprimés.

60. Tout militaire en activité ne pourra porter d'autre habit que son uniforme, dans les lieux de son service.

61. Les officiers, les sous-officiers et les soldats ne pourront donner des repas de corps, ni en recevoir, sous quelque prétexte et de quelque part que ce soit.

62. Il ne pourra être fait aucune retenue sur les appointemens des officiers, sous-officiers et soldats, sous prétexte de dépenses de corps, de quelque nature qu'elles soient, excepté celles qui seroient destinées à payer les dégradations commises par les troupes dans leur logement, ou toutes autres indemnités dues, soit à l'état, soit aux particuliers, pour réparations de dommages, désordres ou excès commis par lesdites troupes.

63. Tout militaire en activité qui, étant majeur, aura contracté des engagemens pécuniaires par lettres de change, ou par toute autre espèce d'obligation emportant la contrainte par corps, et qui s'étant laissé poursuivre pour le payement de semblables dettes, aura, par jugement définitif, été condamné par corps, ne pourra rester au service, si, dans le délai de deux mois, il ne satisfait pas à ses engagemens ; dans ce cas, la sentence portée contre lui équivaudra, après le délai de deux mois, à une démission précise de son emploi.

64. Les actions, résultant d'obligations contractées par un militaire en activité, ne pourront être poursuivies que par-devant les magistrats civils, et seront par eux jugées, conformément aux loix civiles, sans que les officiers ni les juges militaires puissent en prendre connoissance, si ce n'est à l'armée et hors du royaume, sans qu'ils puissent non plus apporter aucun obstacle, soit à la poursuite, soit à l'exécution du jugement.

65. Ne pourront être compris dans les saisies et ventes qui auront lieu, en exécution des jugemens rendus contre des militaires en activité, leurs armes et chevaux d'ordonnance, ni leurs livres et instrumens de service, ni les parties de leur habillement et équipement, dont les ordonnances imposent à tous militaires la nécessité d'être pourvus. Leurs appointemens ne pourront non plus être saisis que pour ce qui en excédera la somme de 600 livres, laquelle leur demeurera réservée, sans préjudice aux créanciers à exercer leurs droits sur les autres biens, meubles et immeubles de leur débiteur, suivant les règles et les formes prescrites par la loi.

TITRE IV.

Des bâtimens et établissemens militaires, meubles, effets, fournitures et ustensiles qui en dépendent, tant dans les places de guerre et postes militaires, que dans les garnisons de l'intérieur.

ARTICLE PREMIER.

Tous les établissemens et logemens militaires, ainsi que leurs ameublemens et ustensiles, actuellement existant dans lesdits logemens et établissemens, ou en magasin, soit que ces divers objets appartiennent à l'état, ou aux ci-devant provinces et aux villes ; tous les terrains et emplacemens militaires, tels que esplanades, manéges, polygones, etc. dont l'état est légitime propriétaire, seront considérés désormais comme propriétés nationales, et confiés en cette qualité au ministre de la guerre, pour en assurer la conservation et l'entretien.

2. Ne seront point compris dans l'article précédent les bàtimens et emplacemens que le ministre de la guerre ne jugeroit pas nécessaires au service de l'armée, lesquels seront dans ce cas remis aux corps administratifs, pour faire partie des propriétés nationales aliénables, s'ils appartenoient ci-devant à l'état ; et dans le cas où ils auroient appartenu aux ci-devant provinces ou aux villes, elles continueront d'en être propriétaires.

3. Il sera dressé des procès-verbaux de tous les terrains, bàtimens et établissemens conservés pour le service de l'armée, ainsi que des ameublemens, effets et fournitures qu'ils contiennent, soit qu'ils appartiennent actuellement à l'état, soit qu'ils appartiennent aux ci-devant provinces ou aux villes. Une expédition desdits procès-verbaux sera déposée au département de la guerre ;

une autre sera remise au directoire des départemens dans lesquels se trouvent les objets ci-dessus mentionnés, et bornée pour chaque département à ce qui le concerne; et la troisième expédition sera déposée dans les secrétariats militaires des différentes places. Celle-ci sera bornée, pour chaque place en particulier, aux objets renfermés dans ladite place, ou qui en sont dépendans.

4. Au moyen de ce qui précède, les dépenses d'entretien, réparations, constructions ou augmentations de bâtimens, renouvellement d'effets et fournitures concernant le service de l'armée qui, jusqu'à ce moment, avoient été supportées par les ci-devant provinces et par les villes, cesseront d'être à leur charge du jour de la remise qui en sera faite; lesdites dépenses devant, à compter de ce même jour, être supportées par la partie du trésor public affectée au département de la guerre.

5. Le ministre de la guerre devenant responsable du bon emploi et de la conservation des établissemens et bâtimens militaires, et des effets qu'ils renferment ou qui en sont dépendans, les corps administratifs ne pourront, dans aucun cas, en disposer ni s'immiscer dans leur manutention, d'une autre manière que celle indiquée par le présent décret.

6. Dans les places et garnisons qui manquent de bâtimens militaires, le ministre de la guerre désignera ceux des bâtimens nationaux qui peuvent y suppléer, afin que s'il y a lieu, il soit sursis à leur aliénation, et que par l'assemblée nationale ils puissent être déclarés affectés au département de la guerre, comme bâtimens militaires.

7. Toutes les fois qu'un terrain, appartenant à une municipalité ou à quelque particulier, sera nécessaire pour un établissement militaire, le département de la guerre en fera l'acquisition de gré à gré; et dans le cas où le propriétaire refuseroit de céder sa propriété, les directoires

des corps administratifs seront consultés et chargés de l'estimation de l'objet demandé.

TITRE V.

Du logement des Troupes.

ARTICLE PREMIER.

LES bâtimens et établissemens militaires dont la remise aura été faite au département de la guerre, ne pourront être affectés qu'au logement des troupes, des employés attachés à l'administration de la guerre, et à contenir ou conserver les munitions, subsistances ou effets militaires.

2. Dans aucune place de guerre, poste militaire ou ville de l'intérieur, les municipalités ne pourront être tenues de fournir ni logement ni emplacement, ni magasins pour l'usage des troupes, qu'autant que ceux actuellement existant ne seroient pas suffisans.

3. Il sera remis aux municipalités de tous les lieux où se trouveront des bâtimens militaires conservés, un état détaillé des logemens que ces bâtimens renferment, afin que lesdites municipalités puissent toujours connoître si les logemens qui leur seront demandés, sont proportionnés aux besoins réels du service.

4. Dans les places de guerre, postes militaires et villes de garnison habituelle de l'intérieur, il sera fait par les officiers municipaux un recensement de tous les logemens et établissemens qu'ils peuvent fournir sans fouler les habitans, à l'effet d'y avoir recours au besoin, et momentanément, soit dans le cas de passage de troupes, soit dans les circonstances extraordinaires, lorsque les établissemens militaires ne suffiront pas.

5. Lorsqu'il y aura nécessité de loger chez les habitans les troupes qui devront tenir garnison, si leur séjour doit s'étendre à la durée

d'un mois, les seuls logemens des sous-officiers et soldats, et les écuries pour les chevaux seront fournis en nature ; à l'égard des officiers, ils ne pourront prétendre à des billets de logement pour plus de trois nuits, et ce terme expiré, ils se logeront de gré à gré chez les habitans , au moyen de la somme qui leur sera payée suivant leur grade, ainsi qu'il sera décrété par l'assemblée nationale.

6. Les municipalités veilleront à ce que les habitans n'abusent point dans le prix des loyers, du besoin de logement où se trouveront les officiers.

7. Toutes les fois qu'il sera pourvu à l'établissement du logement d'une troupe , excepté le cas de passage, le logement des sous-officiers et soldats, et les fournitures d'écuries pour les chevaux , seront faits au complet et non à l'effectif.

8. Faute de bâtimens affectés au logement des troupes destinées à tenir garnison dans un lieu quelconque, il y sera pourvu , autant que faire se pourra , en établissant lesdites troupes dans des maisons vides et convenables, et il y sera en outre fourni aux troupes à cheval des écuries suffisantes pour leurs chevaux. Ces maisons et écuries seront choisies et louées par les commissaires des guerres , qui seront autorisés à requérir les soins et l'intervention des municipalités, pour leur faciliter l'établissement des logemens dont ils seront chargés ; de plus les agens militaires désignés à cet effet par les règlemens, feront, en présence d'un ou de plusieurs officiers municipaux , la reconnoissance des maisons et écuries qui seront louées , afin de constater l'état dans lequel elles se trouveront, et afin de pouvoir, au départ des troupes , estimer, s'il y a lieu, les indemnités dues aux propriétaires pour les dégradations qu'auroient éprouvées lesdites maisons et écuries.

9. Dans les cas de marche ordinaire,

mouvemens imprévus, et dans tous ceux où il ne pourra être fourni aux troupes des logemens isolés, tels qu'ils ont été indiqués dans l'article 8 précédent, les troupes seront logées chez les habitans, sans distinction des personnes, quelles que soient leurs fonctions et leurs qualités, à l'exception des dépositaires de caisses pour le service public, lesquels ne seront point obligés de fournir de logement dans les maisons qui renferment lesdites caisses, mais seront tenus d'y suppléer, soit en fournissant des logemens en nature chez d'autres habitans avec lesquels ils s'arrangeront à cet effet, soit par une contribution proportionnée à leurs facultés, et agréée par les municipalités. La même exception aura lieu, et à la même condition, en faveur des veuves et des filles, et les municipalités veilleront à ce que la charge du logement ne tombe pas toujours sur les mêmes individus, et que chacun y soit soumis à son tour.

10. Les troupes seront responsables des bâtimens qu'elles occuperont, ainsi que des écuries qui leur seront fournies pour leurs chevaux.

11. L'assemblée nationale statuera ultérieurement sur la somme à attribuer à chaque officier ou employé de l'armée, selon son grade et son emploi, pour lui tenir lieu du logement qui ne pourra lui être fourni en nature dans les établissemens militaires.

12. Nul officier en garnison ne recevra un logement en argent, qu'autant qu'il ne pourroit lui être fourni un logement en nature dans les bâtimens militaires ; en conséquence, à l'époque du départ des semestriers, les logemens qu'ils laisseront vacans dans lesdits bâtimens, seront remplis par ceux qui devront passer l'hiver à la garnison.

13. Lorsque les officiers de troupes de ligne recevront leur logement en argent, il ne leur en sera fait le décompte que pour le temps qu'ils seront présens au corps ; quant aux officiers en

résidence, tels que ceux du génie, de l'artillerie et les commissaires des guerres, ils recevront leur logement, absens comme présens, tout le temps qu'ils seront employés dans une place.

14. Il sera tenu compte, sur les fonds de la guerre, aux officiers de tout grade, auxquels les ordonnances affectoient des logemens en argent, des sommes dont ils n'ont pas été payés sur lesdits logemens, pendant les années 1789 et 1790. Cette indemnité ne sera accordée que pour les logemens dont ont dû jouir lesdits officiers dans le lieu de leur résidence militaire.

15. Les officiers dans leur garnison ou résidence, et les employés de l'armée dans leur résidence, ne logeront point les gens de guerre dans le logement militaire qui leur sera fourni en nature; et lorsqu'ils recevront leur logement en argent, ils ne seront tenus à fournir le logement aux troupes, qu'autant que celui qu'ils occuperont excédera la proportion affectée à leur grade ou à leur emploi. Quant aux officiers en garnison dans le lieu de leur habitation ordinaire, ils seront tenus à fournir le logement dans leur domicile propre, comme tous les autres habitans.

TITRE VI.

Administration des travaux militaires.

ARTICLE PREMIER.

LES fonds destinés à l'augmentation, à l'entretien et aux réparations des fortifications, ainsi que des bâtimens et établissemens militaires quelconques, dans les places de guerre, postes militaires et garnisons de l'intérieur, seront dorénavant fournis en entier par la partie du trésor public affectée au département de la guerre; en conséquence, les départemens et les villes ser-

déchargés de toute imposition ou contribution particulière relative à cet objet.

2. Le ministre de la guerre répartira entre les différentes places, postes militaires et garnisons de l'intérieur, selon leur classe et selon leurs besoins, les fonds accordés au département de la guerre, pour les travaux militaires.

3. Tous les travaux de construction, entretien ou réparation des fortifications, bâtimens et établissemens militaires quelconques, et de tout ce qui en dépend, seront faits par entreprise, d'après une adjudication au rabais : cette adjudication ne sera jamais passée en masse, mais elle comprendra le détail des prix affectés à chaque nature d'ouvrage et de matériaux qui seront employés.

4. Lorsqu'il s'agira de passer le marché pour des travaux militaires, le ministre adressera au commissaire des guerres,

1.º L'ordre de procéder à l'adjudication.

2.º Un état par aperçu des travaux à exécuter pendant la durée du marché.

3.º Les devis et conditions qui auront été fournis par les agens militaires préposés à cet effet.

5. Suivant que les travaux, objet du marché, intéresseront toute l'étendue d'un département, ou seulement celle d'un district, ou enfin qu'ils se borneront à l'étendue d'une municipalité, le commissaire des guerres informera le directoire du département ou celui du district, ou les officiers municipaux, des ordres qu'il aura reçus, et les requerra de procéder, dans un délai dont ils conviendront, à l'adjudication du marché.

6. D'après l'époque convenue entre les corps administratifs et le commissaire des guerres, celui-ci fera poser dans la place et dans les lieux circonvoisins, des affiches signées de lui, et indicatives de l'objet, de la durée du devis et des conditions du marché, ainsi que du jour et du lieu où il sera passé, de manière à ce que

les particuliers puissent être informés à temps et se mettre en état de concourir à l'adjudication qui sera faite.

7. Le commissaire des guerres sera tenu de donner, à ceux qui se présenteront à cet effet, connoissance des devis et conditions du marché, et tous autres renseignemens qui dépendront de lui. On pourra, pour se procurer les mêmes indications, s'adresser au secrétariat du département du district ou de la municipalité.

8. Le jour fixé pour l'adjudication, les membres du directoire du département, ou de celui du district, ou de la municipalité, conformément à l'article 5 ci-dessus, se rendront, ainsi que le commissaire des guerres, au lieu d'assemblée de celui desdits corps administratifs pardevant lequel devra se passer le marché ; et là, en leur présence et celle des agens militaires préposés à cet effet par le ministre de la guerre, et l'adjudication sera faite, par le commissaire des guerres, au rabais, publiquement, et passée à celui qui fera les meilleures conditions, avec les formalités qui seront prescrites ; et en attendant, celles usitées jusqu'à ce jour continueront d'avoir lieu.

9. Nul ne pourra être déclaré adjudicataire du marché, que préalablement il n'ait justifié de sa solvabilité ou donné caution suffisante.

10. Tous les frais dépendant de l'adjudication seront bornés aux frais de publication et d'affiches, et seront supportés par l'adjudicataire.

11. Les différens ouvrages à exécuter par les entrepreneurs adjudicataires, seront surveillés, dans tous leurs détails, par les agens militaires, qui en feront les toisés particuliers, en présence desdits entrepreneurs ou de leur commis avoués, à mesure des progrès desdits ouvrages. Ces toisés particuliers seront signés par les entrepreneurs ou par leurs commis avoués, et certifiés par les agens militaires chargés de la direction des travaux.

12. Chaque année , aux termes des travaux , les toisés partiels seront réunis en un seul toisé général , en présence de l'entrepreneur , par les agens militaires qui auront surveillé et dirigé tous les détails des travaux. Ce toisé sera signé par l'entrepreneur , certifié par lesdits agens , et visé par ceux d'entr'eux qui auront inspecté les travaux.

13. Le toisé général , certifié et visé , ainsi qu'il a été dit dans l'article précédent , sera remis au commissaire des guerres , pour être arrêté par lui , après en avoir vérifié les calculs. Ledit toisé sera ensuite soumis au visa de celui des corps administratifs par-devant lequel aura été passé le marché.

14. Les parfaits payemens des travaux militaires exécutés par les entrepreneurs , ne leur seront dûs , et ne pourront être ordonnés à leur profit , par le ministre de la guerre , que préalablement les formalités prescrites par les articles 11 , 12 et 13 n'aient été remplies. Lesdits payemens ne seront exigibles , par les entrepreneurs , que trois mois après la confection du toisé général.

15. Pourront néanmoins lesdits entrepreneurs , à mesure de l'avancement des ouvrages , recevoir sur les certificats des agens militaires , et d'après les ordres du ministre de la guerre , des à-comptes proportionnés à la portion du travail exécuté , et ce , jusqu'à la concurrence des trois quarts des travaux entrepris.

16. Les marchés qui seront passés après la publication du présent décret , ne seront plus sujets à la retenue de quatre deniers pour livre ; quant à ceux antérieurs à ladite époque et qui sont grevés de cette clause , ils resteront chargés de ladite retenue , dont le montant sera déduit de celui du toisé général.

17. Les travaux militaires des garnisons de l'intérieur ne pouvant être soumis à la surveillance des agens militaires , d'une manière aussi exacte

et aussi constante que dans les places de guerre et postes militaires, le roi nommera et instituera, dans chaque garnison de l'intérieur, un conservateur chargé de veiller à l'entretien journalier des bâtimens militaires, aux réparations de détail, et qui sera tenu d'en rendre compte aux agens militaires désignés à cet effet. Ces conservateurs seront amovibles à la volonté du roi.

18. Les conservateurs des bâtimens militaires seront logés, autant que faire se pourra, dans les bâtimens confiés à leurs soins, et sur les fonds destinés à l'entretien des établissemens militaires; il leur sera accordé un traitement annuel proportionné à l'étendue des objets dont ils seront chargés, mais qui ne pourra jamais excéder trois cents livres.

19. Dans les garnisons habituelles de l'intérieur, les places de secrétaires-écrivains ne seront point incompatibles avec celles de conservateurs des bâtimens militaires; mais lorsqu'elles seront réunies, celui qui en sera revêtu n'emportera pas nécessairement la totalité du traitement affecté à chacune d'elles; il pourra même n'avoir pour les deux que le traitement affecté à la place de secrétaire-écrivain.

20. Les agens militaires, chargés sur les frontières de la direction des travaux militaires, étendront leur surveillance sur les établissemens de l'intérieur. D'après les ordres qu'ils en recevront du ministre de la guerre, ils indiqueront les principales réparations, dresseront les devis des marchés, les états de dépense, et tiendront la main à tout ce qui peut contribuer à la conservation desdits bâtimens et établissemens militaires, comme pour ceux des places de guerre. Lorsque les agens militaires ne seront employés dans les garnisons de l'intérieur que momentanément et pour constater l'état des bâtimens militaires, il leur sera tenu compte, sur les fonds de la guerre, des frais de leur déplacement.

21. Les entrepreneurs des travaux militaires

seront tenus de se conformer, pour leur exécution, non-seulement aux conditions des devis et marchés, mais encore aux mesures, aux formes, aux distributions et emplacemens d'ateliers, aux dépôts de matériaux et autres dispositions qui leur seront prescrites par les agens militaires chargés de la direction des travaux. Lesdits entrepreneurs et leurs préposés seront également tenus à l'obéissance envers les agens militaires, dans tout ce qui concernera l'exécution desdits travaux.

22. Tous particuliers non militaires employés aux travaux militaires, seront, en cette qualité, et pour tout ce qui concernera l'exécution de ces travaux, soumis graduellement à l'obéissance envers les officiers et autres préposés chargés de surveiller et de diriger lesdits travaux, sauf, en cas de prétentions pécuniaires, ou de toutes autres plaintes qu'ils auroient à faire valoir à la charge les uns des autres, à se pourvoir pardevant les tribunaux civils, supposé qu'après en avoir référé à l'agent militaire chargé de la conduite des travaux, celui-ci n'ait pas pu les concilier ou les appaiser.

23. Les particuliers non militaires, employés aux travaux militaires, seront, en cette qualité, soumis à la police des agens militaires chargés de la direction des travaux ; et en cas d'arrestation d'aucun d'eux, ils seront remis aux tribunaux civils.

24. Lorsque des travaux indispensables exigeront la plus grande célérité, après que les troupes en garnison auront fourni toutes les ressources qu'on en peut attendre, les corps administratifs, d'après la réquisition des agens militaires, seront tenus d'employer tous les moyens légalement praticables qui seront en leur pouvoir, pour procurer le supplément d'ouvriers nécessaires à l'exécution des travaux. Dans ce cas, le salaire desdits ouvriers sera fixé par les corps administratifs.

25. Dans le cas de travaux pressés, les agens militaires

militaires chargés de leur direction, pourront ne point les interrompre les jours de dimanches et fêtes chômées, à la charge par eux d'en prévenir les municipalités.

26. Les ouvriers employés aux travaux militaires seront payés par les entrepreneurs, au plus tard toutes les trois semaines, d'après les toisés particuliers des ouvrages, et toutes les semaines, pour le nombre des journées de travail. Il ne pourra être fait aucune retenue sur les salaires, si ce n'est pour les soldats ouvriers, celle nécessaire pour payer leur service de garnison et leur habillement de travail, s'ils n'y ont pas satisfait ; l'assemblée nationale n'entendant point d'ailleurs déroger aux loix concernant les actions et oppositions des créanciers envers leurs débiteurs.

27. Lorsque les travaux des fortifications, ou tous autres objets de service militaire, exigeront, soit l'interruption momentanée des communications publiques, soit quelques manœuvres d'eaux extraordinaires, ou toute autre disposition non usitée qui intéressera les habitans, les agens militaires ne pourront les ordonner qu'après en avoir prévenu la municipalité, et pris avec elle les mesures convenables pour que le service public n'en reçoive aucun dommage.

SUITE DU TITRE VI.

Comité des fortifications.

ARTICLE PREMIER.

ATTENDU l'importance des travaux des fortifications, et la nécessité d'employer les fonds qui leur sont destinés, de manière à concilier l'économie des deniers de l'état avec l'intérêt de sa défense, il sera formé un comité des fortifications, lequel s'assemblera tous les ans près du ministre de la guerre, dans l'intervalle du premier janvier au premier d'avril, ensorte que les objets dont il devra s'occuper soient terminés à cette dernière époque.

2. Ce comité, formé d'officiers du génie, désignés et appelés par le ministre de la guerre, sera toujours composé de deux inspecteurs généraux et trois directeurs des fortifications, auxquels pourront être adjoints tels officiers généraux supérieurs ou autres du corps du génie que le ministre jugera nécessaires. Il sera toujours présidé par le plus ancien des inspecteurs appelés.

3. Le président du comité prendra les ordres du ministre sur tous les objets à proposer à la délibération des membres, et ces objets pourront être les projets généraux et particuliers des différentes places de guerre du royaume, la répartition des fonds qui leur seront affectés, l'instruction de l'école du génie, les progrès et la perfection des différentes branches de l'art des fortifications, ou tels autres objets de théorie ou de pratique militaire que le ministre jugera à propos de donner à discuter au comité.

4. Le résultat motivé des délibérations du comité, sera remis au ministre par le président du comité, et chacun de ses membres sera libre de joindre à ce résultat les motifs de son opinion particulière, dans le cas où elle seroit contraire à la majorité.

5. Lorsque le comité discutera des questions qui embrasseront le système général de la défense d'une ou de plusieurs parties des frontières, le ministre pourra, s'il le croit utile, lui adjoindre des officiers généraux, supérieurs ou particuliers de la ligne, en tel nombre qu'il le croira convenable.

6. Pour faciliter les opérations de ce comité, et lui donner le degré d'utilité dont il peut être susceptible, il sera formé un dépôt de tous les mémoires, plans, cartes et autres objets provenant des travaux du corps du génie, relatifs aux places de guerre et établissemens militaires, ou

à la défense des frontières. Ce dépôt, sous le nom d'*archives des fortifications*, sera dirigé par un lieutenant-colonel du corps du génie, sous le nom de *directeur*, lequel, secondé d'un ou de deux officiers au plus du même corps, surveillera les objets confiés à sa garde, classera les papiers et les dessins. Cet officier et ses adjoints seront aussi chargés de la conservation et de l'entretien des plans en relief, et le ministre de la guerre proposera le supplément d'appointemens qu'il croira nécessaire de leur accorder pendant la durée de leurs fonctions, ainsi que l'organisation et la dépense de ce dépôt.

7. Les officiers du génie, attachés aux archives des fortifications, seront nommés par le roi, amovibles à sa volonté, et ne pourront continuer à être employés aux fonctions qui leur sont assignées par l'article 6 précédent, lorsqu'ils passeront à un grade supérieur à celui dont ils sont revêtus.

ÉTAT des places et postes de l'intérieur, dont les parties fortifiées étant reconnues inutiles à la sûreté des frontières, peuvent être supprimées dès ce moment même, et aliénées par les corps administratifs.

Lens.	Château de Ferrières.
Mouzon.	Château de Sommières.
Sarrebourg.	Citadelle de Nîmes.
Oberenheim.	Château - Trompette. ⎫
Colmar (*haut Rhin*).	⎪ Bordeaux.
Château de Dijon.	Fort Sainte-Croix. ⎬
Montelimart.	Château du Haa.. ⎭
Tour du Crest.	Château d'Angoulême.
Château de Saint-André de Villeneuve.	Château de Loches.
	Château de Saumur.
Tour du pont d'Avignon.	Château d'Angers.
Fort de Saint-Hyppolite.	Château de Rouen.
Château de Beauregard.	

Ét at des places de Guerre et Postes militaires, classés suivant leur degré d'importance.

PREMIÈRE CLASSE.

PLACES.	POSTES.
Calais et dépendances. Gravelines. Dunkerque et dépend. Bergues et dépend. Saint-Omer.	
Lille. Douay et dépendances.	
Valenciennes. Condé et dépendances.	
Maubeuge. Philippeville. Charlemont et les Givets. Mezières. Sedan. Montmédy.	
Longwy. Thionville. Metz.	
Sarrelouis.	
Bitche. Landeau et dépend.	

PREMIÈRE CLASSE.

PLACES.	POSTES.
Strasbourg.	
Neufbrisak.	
Huningue.	
Besançon.	Fort l'Écluse.
	Pierre Châtel.
Fort-Barraux.	
Grenoble.	
Briançon.	
Mont-Dauphin.	Quéras
Antibes.	
Toulon et dépend.	
Les forts de Marseille.	
	Les forts de Cette.
Perpignan et dépend.	
Port-Vendres et dép.	
	Bellegarde et dépend.
Mont-Louis.	
Saint - Jean - Pied - de - Port.	
Bayonne et dépend.	
	Fort-Médoc.
Blaye.	
L'Ile d'Oleron.	
	L'Ile d'Aix et dépend.
La Rochelle et dép.	
L'Ile de Rhé.	

PREMIÈRE CLASSE.

PLACES.	POSTES.
Belle-Isle et dépend.	
Port-Louis et dépend.	
Brest et dépendances.	
Saint-Malo et dépend.	
Cherbourg et dépend.	La Hougue et dépend.
Le Havre.	
Corse. { Ajaccio et dép. / Bastia.	
49 PLACES.	8 POSTES.

DEUXIÈME CLASSE.

PLACES.	POSTES.
Boulogne et dépend. Ardres.	Citadelle de Montreuil.
Aire et dépendances.	
Bethune.	Saint-Venant.
Arras.	
Bouchain. Cambrai.	
Le Quesnoy. Landrecy. Guise. Avesne. Rocroy.	Bavai. Mariembourg.
	Château de Bouillon. Carignan. Stenay.
Verdun.	Rodemakem.
	Sierck.
Marsal.	
Weissembourg. Fort-Louis du Rhin. Phalsbourg.	Lauterbourg. La Petite-Pierre.
Schelestat.	
	Fort-Mortier.
	Landskron.

DEUXIÈME CLASSE.

PLACES.	POSTES.
Betfort.	Château de Blamont.
	Châteaux de Joux.
Embrun.	Saint-Vencent et Val de Barcelonnette.
	Colmar et dépendances.
Entrevaux.	Les Iles Sainte-Marguerite.
Saint-Tropès.	Les Iles de Hières.
	Citadelle du S.-Esprit.
	Aiguemorte.
	Le fort Brescou.
Collioure et dépend.	Fort des Bains.
	Pratz de Mouillon.
	Villefranche.
Navarreins.	Andaye.
	Fort de Socoa.
	Fort Chapus.
Rochefort.	Fouras et dépendances.
	Château de Niort.
	Château de Nantes.
L'Orient.	Les Iles d'Hédic et d'Ouat.
	L'Ile de Gronais.
	Concarneau.

DEUXIÈME CLASSE.

PLACES.	POSTES.
Granville et dépend.	Château du Taureau.
	Le fort de Château-neuf.
	Château de Caen.
	Château de Dieppe et dépendances.
	Batteries et retranchemens sur les côtes et îles qui les avoisinent.
Bonifacio et dépend.	Ile Rousse.
Calvi et dépendances.	Tour de Vivario.
Saint-Florent et dép.	Tour de Bogoguano.
30 PLACES.	42 POSTES.

Logem. et Casern.

E

TROISIÈME CLASSE.

PLACES.	POSTES.
Abbeville.	
Montreuil.	Fort Mardick.
Hesdin.	
Doulens.	
Bapaume.	
Amiens.	
Péronne.	
Ham.	
Saint-Quantin.	
La Fère.	
Toul.	
Nancy.	
Hagueneau.	
	Lichtemberg.
Auxonne.	
Salins et dépendances.	
Valence.	
Seîne.	
Sisteron.	
	Fort d'Alais.
	Pécais.
	Citadelle de Montpellier.
Béziers.	

TROISIÈME CLASSE.

PLACES.	POSTES.
Narbonne et dépend.	
Carcassonne.	Château de Salces.
	Château de Lourdes.
	Dax.
	Brouage.
Carentan.	
Corté et dépendances.	
23 PLACES.	9 POSTES.

TOTAL.....161 PLACES et POSTES.

L O I

Relative au logement et casernement des troupes et fonctionnaires militaires.

Du 23 mai 1792, l'an 4.e de la liberté.

L'ASSEMBLÉE NATIONALE, après avoir entendu le rapport de son comité militaire, et vu le projet de règlement sur le logement et casernement des troupes et fonctionnaires militaires, proposé par le ministre de la guerre, en vertu de l'article 5 de la loi du 12 octobre 1791;

Conformément à l'article 11 du titre V de la loi du 10 juillet 1791, l'assemblée nationale statuant sur la somme à attribuer à chaque officier ou employé de l'armée, pour lui tenir lieu du logement qui ne pourra lui être fourni en nature dans les établissemens militaires;

Considérant que cette partie du service public est en souffrance depuis le premier janvier 1791, et qu'un plus long retard deviendroit préjudiciable aux intérêts des habitans, comme à celui des officiers et fonctionnaires militaires, décrète qu'il y a urgence.

L'assemblée nationale, après avoir décrété l'urgence, décrète ce qui suit:

ARTICLE PREMIER.

Tous les articles du règlement présenté par le ministre de la guerre, et annexé au présent décret, sont approuvés.

2. Le prix représentatif du logement sera payé aux différens officiers et fonctionnaires militaires, conformément à l'article 47 du règlement.

3. Le ministre de la guerre prendra les moyens convenables pour faire meubler les logemens destinés aux officiers et fonctionnaires militaires,

sur le montant des masses affectées au logement et casernement des troupes , et par économie desdites masses, conformément à la loi du 12 octobre 1791.

4. Les maisons particulières placées dans l'intérieur des villes, et qui ne seront point comprises dans l'enceinte des établissemens militaires, comme ouvrages de fortifications, arsenaux , fonderies , etc. ne pourront être conservées pour servir de logement aux officiers du génie et d'artillerie , ainsi qu'aux autres officiers détachés : elles seront vendues comme tous autres biens nationaux , ou rendues aux villes, si elles leur appartiennent, à moins que sur la proportion du roi , le corps législatif n'en détermine un autre emploi pour l'avenir.

Aucun nouveau logement ne pourra être établi à l'avenir pour les mêmes officiers , à moins que ce ne soit dans des bâtimens servant actuellement et habituellement de casernes et pavillons.

5. La masse de casernement établie par la loi du 12 octobre 1791, pour les troupes de ligne, s'étendra , à compter du jour de leur formation, aux bataillons des gardes nationales volontaires ; au moyen de quoi l'article 12 , section IV de la loi du 13 février dernier, n'aura point son exécution en ce qui concerne les fonds mis à la disposition du ministre de la guerre pour le logement des officiers de ces bataillons , parce qu'ils le recevront sur la masse de casernement.

6. La masse de chauffage établie par la loi du 11 février 1791 , s'étendra aussi , mais seulement à dater du premier janvier 1792, aux bataillons des gardes nationales , lesquelles recevront le chauffage à l'instar des troupes de ligne , soit qu'elles aient leur logement dans les casernes, soit chez l'habitant , les cas de passage exceptés, conformément à l'article 19 du projet de règlement.

La dépense du chauffage de ces bataillons , pendant le temps qu'ils auront été casernés , depuis leur formation jusqu'au premier janvier 1792 , sera supportée par la masse du chauffage affectée aux troupes de ligne pour 1791.

7. Le logement qui sera dû aux officiers qui n'auront point été logés en nature, sera avancé par la trésorerie nationale à l'instar des appointemens , et le décompte en sera fait et soldé dans les premiers jours du mois qui suivra chaque trimestre , sur des revues et états ordonnancés par les commissaires-ordonnateurs.

Le chauffage en argent sera avancé aux troupes avec le prêt , et le décompte s'en fera également à la fin de chaque trimestre , d'après les revues.

8. Les commissaires des guerres supprimés et recréés en exécution de la loi du 14 octobre 1791 , seront payés de leur logement , ainsi qu'il étoit d'usage par le passé, jusque et y compris le 30 septembre de ladite année 1791 , pour ceux d'entre eux qui , employés au service des troupes dans des résidences actives depuis le premier janvier 1791 , n'auroient point joui du logement en nature , et auxquels l'indemnité seroit due ; ce qui sera dûment certifié par les municipalités des lieux où ils ont exercé leurs fonctions , lesdites municipalités en demeurant responsables.

9. Les commissaires des guerres seront personnellement responsables de toute extension au logement fixé par le présent règlement pour les différens grades.

Ils seront de même responsables de tout logement accordé ou concédé à des personnes à qui le présent règlement n'en accorde point.

Ils demeurent enfin responsables de tout logement en argent, dont ils auroient attesté ou ordonnancé le payement , lorsqu'il y aura dans la place des bâtimens vacans destinés au logement des officiers et fonctionnaires militaires.

RÈGLEMENT

Sur le logement et casernement des troupes, présenté à l'assemblée nationale, en exécution de la loi du 12 octobre 1791.

DISPOSITIONS GÉNÉRALES.

ARTICLE PREMIER.

Tous les officiers de l'armée, et les fonctionnaires militaires, seront logés dans les bâtimens qui leur auront été affectés dans les villes de leur résidence ou garnison, et à défaut de bâtimens à ce destinés, ou en cas d'insuffisance, il leur sera payé une somme, par mois, pour leur tenir lieu du logement qui n'aura pu leur être fourni, et qu'ils se procureront, de gré à gré, chez l'habitant.

2. Les officiers, et les fonctionnaires militaires, recevront aussi le logement en argent, lorsqu'ils seront en détachement ou en cantonnement, sauf à indemniser, ainsi qu'il sera dit ci-après, les habitans chez qui ils auront été logés, par billets des officiers municipaux.

3. Les sous-officiers, les soldats, les charretiers des équipages attachés au service de l'armée, et les autres employés dont le logement devra être établi comme celui du soldat, seront, dans les villes de garnison, logés aux bâtimens militaires, ou bien dans les maisons propres à ces usages, qui pourront être louées par les commissaires des guerres, avec l'intervention des officiers municipaux, s'il en étoit besoin.

A défaut, et en cas d'insuffisance des bâtimens

militaires ou des maisons qui y suppléeront, les sous-officiers, soldats et autres, seront logés chez l'habitant.

Leur logement sera également établi chez l'habitant, lorsqu'ils seront en détachement ou cantonnement dans les villes, bourgs ou villages ; mais, dans tous les cas, l'habitant recevra une indemnité pour chacun des sous-officiers, soldats et autres, qu'il aura logés.

4. Lorsqu'il ne se trouvera pas dans les villes de garnisons une suffisante quantité de lits pour le casernement des sous-officiers et soldats, dans les bâtimens militaires ou maisons vides qui seront louées pour y suppléer, les lits qui y deviendront nécessaires seront fournis par les habitans, à qui il sera payé une indemnité pour chaque lit et l'ustensile qui en dépend.

5. Lorsqu'il aura été nécessaire de faire fournir, par les habitans, des écuries pour les chevaux des officiers et de la troupe, les habitans en seront indemnisés par le département de la guerre, en ce qui concernera les chevaux des officiers et soldats des régimens, et ceux des équipages.

Quant aux chevaux des autres officiers et des fonctionnaires militaires, l'indemnité sera payée directement par ces officiers et fonctionnaires, au moyen du logement qu'ils recevront en argent.

6. Les magasins, dont les troupes détachées et cantonnées pourront avoir besoin, seront fournis par les habitans, à qui le loyer en sera payé, pour le temps qu'ils auront été occupés.

7. Les dispositions ci-dessus ne concernent point les officiers et soldats des troupes de passage, non plus que les charretiers des équipages, et autres employés qui marcheront sur les revues des routes ; en conséquence, les habitans continueront à leur fournir, sans indemnité, le logement et les écuries dont ils auront besoin.

8. Pour mettre les municipalités à portée de toujours connoître si les logemens, magasins, lits et ustensiles qui pourront leur être demandés,

dans les villes de garnison , sont proportionnés aux besoins réels du service, il sera remis, par les commissaires des guerres , aux officiers municipaux , un état détaillé des logemens et magasins que les bâtimens renferment , et des lits qui y seront destinés.

9. Aucune personne ne pourra jouir d'un logement quelconque, que pendant le temps de sa présence dans le lieu destiné à l'exercice de ses fonctions, et personne ne pourra en avoir plusieurs à la fois. Cependant les officiers en résidence dans les places, et les fonctionnaires militaires conserveront, lorsqu'ils marcheront momentanément avec les troupes, ou qu'ils seront employés pour des cantonnemens de rassemblemens et reconnoissances , le logement dont ils jouissoient dans les bâtimens militaires.

Du logement chez l'habitant.

10. Dans tous les cas où les troupes devront être logées chez l'habitant, les commissaires des guerres donneront avis aux municipalités , du jour de leur arrivée et du temps de leur séjour, lorsqu'il sera fixé. Le commandant de la troupe préviendra d'ailleurs les commissaires des guerres, et informera les officiers municipaux du moment de leur arrivée, ainsi que de celui de leur départ.

Ces officiers municipaux délivreront ensuite , sur la représentation de la revue de route, les billets de logement, en observant de réunir, autant qu'il sera possible, dans le même quartier, tous les hommes d'une même compagnie, afin d'en faciliter le rassemblement.

Les chevaux des troupes à cheval devront être également établis, autant que faire se pourra, dans des écuries à portée du logement de chaque compagnie.

Les officiers municipaux donneront connoissance au commandant de la place et aux commissaires des guerres, de l'assiette du logement.

11. Dans l'établissement du logement chez l'ha-

bitant, les officiers municipaux ne feront distinction de personne, quelles que soient leurs fonctions et leurs qualités, à l'exception des dépositaires des caisses pour le service public, lesquels ne seront point obligés de fournir de logement dans les maisons qui renferment lesdites caisses, mais seront tenus d'y suppléer en fournissant des logemens en nature chez d'autres habitans, avec lesquels ils s'arrangeront pour cet effet. La même exception aura lieu, avec pareille condition, en faveur des veuves et des filles ; et les municipalités veilleront à ce que la charge du logement ne tombe pas toujours sur les mêmes individus, et que chacun y soit soumis à son tour.

12. Les officiers et autres fonctionnaires militaires dans leur garnison ou résidence, ne logeront point les gens de guerre dans le logement militaire qui leur sera fourni en nature ; et lorsqu'ils recevront leurs logemens en argent, ils ne seront tenus de fournir le logement aux troupes, qu'autant que celui qu'ils occuperont excédera la proportion affectée à leur grade et à leur emploi.

Quant aux officiers en garnison dans le lieu de leur habitation ordinaire, ils seront tenus de fournir le logement dans leur domicile propre, comme tous les autres habitans.

13. Le logement des troupes ne pourra être établi chez l'habitant qu'à raison de l'effectif présent.

14. Les logemens qui seront fournis par les habitans, seront composés à raison des différens grades, ainsi qu'il suit :

1o. Le logement d'un général d'armée sera du nombre de chambres garnies dont il aura besoin, tant pour lui, ses secrétaires, que pour ses domestiques, d'une cuisine et des écuries nécessaires à ses chevaux ;

2o. Celui d'un lieutenant-général sera de quatre chambres et un cabinet garnis, tant pour lui que pour ses secrétaires ; d'une cuisine, des chambres et lits suffisans pour coucher de deux en deux six domestiques ;

3º. Celui d'un maréchal-de-camp, de trois chambres et un cabinet garnis, tant pour lui que pour son secrétaire ; d'une cuisine, des chambres et lits suffisans pour coucher de deux en deux quatre domestiques ;

4º. Celui d'un colonel, de trois chambres garnies, d'une cuisine, des chambres et lits suffisans pour coucher trois domestiques ;

5º. Celui d'un lieutenant - colonel, de deux chambres garnies, d'une cuisine, d'une chambre garnie, d'un lit pour deux domestiques ;

6º. Celui d'un quartier-maître-trésorier sera de deux chambres garnies, dont une sans lit, et d'une autre chambre avec un lit pour son domestique ;

7º. Celui d'un capitaine-adjudant-major, chirurgien-major et aumônier, sera d'une chambre avec un lit, et d'une autre chambre avec un lit pour son domestique ;

8º. Les lieutenans et sous-lieutenans seront logés deux à deux dans des chambres à deux lits, en leur donnant une chambre avec un lit pour leurs domestiques ;

9º. Les adjudans - généraux, et leurs aides-de-camp, seront logés suivant leurs grades ;

10º. Les lieutenans-colonels et capitaines du corps du génie, et les officiers de l'artillerie non attachés au régiment, auront en sus du logement affecté à leur grade, une chambre claire, garnie, sans lit ; quant aux lieutenans du corps du génie, ils auront le logement de capitaine ;

11º. Le logement du commissaire-ordonnateur employé en chef, sera composé du nombre de chambres garnies dont il aura besoin, tant pour lui et ses secrétaires, que pour ses domestiques et sa cuisine ;

Celui de chaque commissaire-ordonnateur sera de trois chambres et un cabinet garnis, tant pour lui que pour son secrétaire ; d'une cuisine, de chambres et lits suffisans pour coucher, de deux en deux, quatre domestiques ;

Celui de chaque commissaire-auditeur sera de

trois chambres garnies, d'une cuisine, de chambres et lits suffisans pour trois domestiques;

Celui de chaque commissaire des guerres sera de deux chambres garnies, d'une cuisine, et d'une chambre à un lit pour ses domestiques;

Celui de chaque aide-commissaire sera d'une chambre garnie, et d'une autre chambre avec un lit de domestique;

12º. Les habitans fourniront aux sous-officiers et soldats un lit pour deux hommes effectifs, excepté les adjudans, tambours et trompettes-majors, les sergens-majors et les maréchaux-des-logis en chef qui seront couchés seuls, ainsi que les conducteurs principaux des charrois; quant aux ouvriers et charretiers des équipages et autres employés, ils coucheront deux à deux;

13º. Les écuries seront fournies à raison de trois pieds et demi par cheval effectif; le nombre des chevaux n'excédera pas celui qui sera prescrit par les règlemens.

15. En cas de guerre ou de rassemblement, il sera fourni aux officiers de tous grades et de toutes armes, les logemens nécessaires pour le nombre de domestiques et de chevaux qui leur sera particulièrement attribué par le règlement du service de campagne.

16. Les personnes employées aux différens services des troupes qui, en cas de guerre, de rassemblement ou de marche, devront avoir un logement différent de celui de sous-officiers et soldats, seront fournis du nombre de chambres, de cuisines et écuries dont ils pourront avoir respectivement besoin selon leurs fonctions, ainsi qu'il sera réglé par les commissaires-ordonnateurs.

17. Les lits qui seront fournis par les habitans, dans les logemens des officiers, seront garnis d'une housse, d'une paillasse, de deux matelas, ou d'un seul avec un lit de plume; d'un traversin, de deux couvertures, d'une paire de draps, changés tous les quinze jours pendant l'été, et de trois en trois semaines pendant l'hiver.

Chaque chambre à lit sera meublée d'une table, de chaises, d'une armoire ou commode fermant à clef, d'un porte-manteau, d'un pot à l'eau avec sa cuvette, et de deux serviettes par semaine.

Quant aux autres chambres qui sont accordées aux officiers et qui ne doivent point être garnies de lits, elles seront meublées de tables, chaises, chandeliers et autres ustensiles nécessaires. Chaque lit de domestique sera composé comme celui du soldat.

18. Les lits qui seront fournis par les habitans aux six sous-officiers, soldats et autres, seront garnis d'une paillasse, d'un matelas ou bien d'un lit de plume, suivant les facultés; d'une couverture de laine, d'un traversin, d'une paire de draps, changés tous les mois pendant l'hiver, et de trois en trois semaines pendant l'été: il y aura dans la chambre deux chaises ou un banc.

19. Les ustensiles de cuisine ne seront fournis par l'habitant aux officiers généraux, à ceux de l'état-major et aux commissaires des guerres, que lorsqu'ils seront en marche avec les troupes; ils s'en pourvoiront à leurs dépens dans les lieux de cantonnement et de rassemblement; dans aucun cas, les hôtes ne seront tenus de leur fournir le bois et le linge de table.

A l'égard des officiers, sous-officiers et soldats des régimens qui ne feront que passer, les hôtes leur donneront, indépendamment des autres ustensiles dont ils auroient besoin pour leur cuisine, place au feu et à la lumière. Les troupes en cantonnement, détachement ou garnison, ne pourront prétendre de place au feu et à la chandelle, attendu qu'elles recevront dans ce cas, du département de la guerre, le chauffage en nature ou en argent.

20. Les hôtes ne seront jamais délogés de la chambre ou du lit où ils auront coutume de coucher; ils ne pourront néanmoins, sous ce prétexte, se soustraire à la charge du logement, selon leurs facultés.

21. Les officiers municipaux ne pourront, dans tous les cas où les habitans doivent loger les

troupes et les employés à leurs différens services, refuser d'établir leurs logemens ainsi qu'il est prescrit, et de faire fournir, dans les casernes, les lits qui y seroient nécessaires, en cas d'insuffisance de ceux à la disposition du département de la guerre.

22. Les troupes seront responsables des dégâts et dommages qu'elles auroient faits dans leurs logemens ; en conséquence, lors de leur départ, elles seront tenues de faire réparer à leurs dépens, ou de payer les dégradations faites à leurs logemens et aux fournitures.

23. Les habitans qui auront à se plaindre de quelques dommages ou dégâts occasionnés par les troupes, devront faire leur réclamation avant le départ, soit au commandant du régiment ou des détachemens, soit aux commissaires des guerres ou aux officiers municipaux, afin qu'il y soit fait droit ; et à défaut de se présenter avant le départ de la troupe, ou une heure au plus tard après, ils ne seront plus reçus dans leurs demandes ; en conséquence, le commandant du corps chargera un officier de rester après le départ du régiment, pour recevoir les plaintes, s'il y en a, et y faire droit, si elles sont fondées.

24. Les officiers municipaux donneront aux régimens ou détachemens qui auront logé chez l'habitant, un certificat qui constatera qu'il n'est parvenu aucune plainte de la part des personnes qui auront fourni le logement, ou bien que le corps a satisfait aux réclamations qui ont été faites. La municipalité ne pourra refuser ce certificat de bien-vivre, si, une heure après le départ, il n'est parvenu aucune plainte de la part des habitans.

25. Dans les places de guerre, postes militaires, villes de garnison habituelle, et dans tous les lieux où passent les troupes, il sera fait par les officiers municipaux un recensement de tous les logemens et établissemens qu'ils peuvent fournir sans fouler les habitans, à l'effet d'y avoir re-

cours au besoin et momentanément, soit dans les cas de passages de troupes et de mouvemens imprévus, soit dans les circonstances extraordinaires, lorsque les établissemens militaires ne suffiront pas, ou qu'il sera nécessaire d'y faire établir des lits.

26. Lorsqu'il y aura nécessité, dans les villes de garnison ordinaire, de loger chez les habitans les troupes, si leur séjour doit s'étendre à la durée d'un mois, les officiers ne pourront prétendre à des billets de logement pour plus de trois nuits : ce terme expiré, ils se logeront de gré à gré, mais ils indemniseront leur hôte pour le temps qu'il les aura logés ; nul officier ne devant être logé sans donner d'indemnité, que lorsqu'il marchera avec les troupes.

Les municipalités veilleront à ce que les habitans n'abusent point, dans le prix des loyers, du besoin de logement où se trouveront les officiers.

Du logement dans les casernes.

27. Il sera fourni dans les casernes un lit pour chacun des adjudans, tambours et trompettes-majors, chefs musiciens, maîtres-ouvriers, sergens-majors et sergens, maréchaux-des-logis en chef, et un pareil lit pour deux caporaux, brigadiers et soldats.

28. Les adjudans jouissant en gratification des appointemens de sous-lieutenans, ne pourront prétendre qu'au logement fixé à leur emploi.

29. Il sera de plus fourni à chaque régiment un supplément de lits pour les hommes mariés, les infirmeries destinées au traitement des maladies légères, et les chambres de police.

Les lits seront en tout semblables à ceux des soldats ; ceux des chambres de police ne seront point garnis de draps.

30. Chaque lit de caserne sera composé d'une couchette, d'une paillasse, d'un matelas, d'un traversin, d'une paire de draps et d'une couverture.

31. Il ne sera donné dans l'île de Corse que des demi-fournitures pour le service des casernes ; chaque demi-fourniture sera composée d'une couchette ou châlit sur tréteaux, d'une paillasse, d'une couverture, d'une paire de draps et d'un sac à paille ou traversin.

32. Les lits ne seront fournis dans les casernes qu'à raison de l'effectif présent, y compris les hommes aux hôpitaux.

33. Les troupes ne pourront occuper dans les casernes que le nombre de chambres qui leur sera indispensable ; elles payeront les dégâts et dommages qu'elles feront aux lits, effets et ustensiles qui leur seront délivrés.

34. Il sera fourni aux troupes des emplacemens convenables pour y établir leurs magasins et ouvriers.

35. Les chambres des casernes seront garnies de bancs, tables, planches à pain, rateliers d'armes et porte-havresacs ; et les écuries, de mangeoires, rateliers, bacs, baquets et coffres.

36. L'entretien des lits militaires continuera d'être soumis aux marchés qui sont ou seront passés à cet effet, et dont les bases tendront à assurer le service dans toutes les places, et principalement dans tous les cas d'augmentation de garnison.

Les lits pourront être transportés, d'après les ordres du ministre, dans les différentes places où des supplémens seroient nécessaires ; il ne pourra, dans aucun cas, être opposé d'empêchement à ces transports.

Du logement des officiers dans les bâtimens militaires.

37. Les généraux d'armée seront logés dans les maisons qui leur seront destinées.

Le logement d'un lieutenant-général sera de cinq chambres, dont une pour un secrétaire, d'une cuisine, de trois chambres de domestiques et des écuries nécessaires pour ses chevaux.

Celui

Celui d'un maréchal-de-camp, de quatre chambres, dont une pour son secrétaire, d'une cuisine, de trois chambres de domestiques et des écuries nécessaires pour ses chevaux.

Celui d'un colonel sera de trois chambres, dont une pour son domestique, une cuisine, et une écurie pour trois chevaux.

Celui d'un lieutenant-colonel, de deux chambres, une cuisine, une chambre de domestique, et une écurie pour deux chevaux.

Ces logemens ne seront point meublés ; les meubles qui s'y trouvent, et qui ont dû être remis à la disposition du ministre de la guerre par les municipalités, seront vendus, et le produit de la vente sera ajouté au fonds de la masse du logement.

38. Le logement du capitaine sera d'une chambre meublée, d'un lit de maître, avec les ustensiles nécessaires, et d'un cabinet avec un lit pour son domestique.

Les lieutenans et sous-lieutenans seront logés dans des chambres meublées de deux lits et des effets accessoires ; à chacune de ces chambres sera affecté un cabinet avec un lit pour leurs domestiques.

Le logement des quartiers-maîtres-trésoriers sera d'une chambre meublée, d'un lit de maître et des ustensiles accessoires ; d'une autre chambre non garnie de lit, mais seulement d'ustensiles, et d'un cabinet avec un lit de domestique.

Les adjudans-majors, chirurgiens-majors et aumôniers seront logés comme les capitaines.

Seront également logés comme capitaines les lieutenans du corps du génie, les adjudans-lieutenans et secrétaires-écrivains de place.

39. Les colonels, lieutenans-colonels et capitaines du corps du génie, et les lieutenans de ce corps employés en chef dans les places, les officiers d'artillerie attachés au service des places, les adjudans-généraux et les adjudans des places, auront en sus du logement fixé pour leurs grades,

une chambre claire, non garnie de lits, mais des autres ustensiles.

Les aides-de-camp seront logés selon leur grade respectif, et il leur sera donné des écuries pour leurs chevaux. Les officiers des compagnies d'invalides détachés dans les places, seront logés suivant leurs grade, et les officiers retirés à la suite des places, qui auront obtenu le logement en nature, en conserveront un dans les bâtimens militaires, ou bien il leur sera payé en argent.

40. Il sera désigné dans les bâtimens militaires de chaque place, un local suffisant pour le secrétariat, à portée duquel sera établi le logement du secrétaire-écrivain.

41. Les lits des capitaines, lieutenans et autres officiers, seront garnis d'une housse, d'une paillasse, de deux matelas, d'un traversin, d'une paire de draps et de deux couvertures l'hiver, et d'une seule l'été.

Les chambres des officiers seront meublées de tables, chaises, fauteuils, chenets et autres ustensiles qu'il est d'usage de leur fournir.

Les lits des domestiques seront en tout conformes aux lits des soldats.

Il en sera distribué un pour chaque capitaine, et un pareil lit pour deux lieutenans, sous-lieutenans et autres officiers, mais ils n'en pourront exiger qu'autant qu'ils auront des domestiques à leur suite.

42. Les régimens seront responsables des lits et ustensiles qui auront été fournis aux officiers, ainsi qu'à leurs domestiques, sauf leur recours contre ces officiers.

43. Dans tous les cas où les pavillons ne seroient point meublés, les capitaines et autres officiers qui seront dans le cas d'en habiter les logemens, recevront, pour leur donner les moyens de s'y procurer les meubles nécessaires ; savoir, les officiers supérieurs, le tiers du prix du logement réglé pour leurs grades respectifs, et moitié

pour les capitaines inclusivement, jusque et y compris les sous-lieutenans.

44. Les logemens qui, à l'époque du départ des semestriers, deviendront vacans dans les pavillons, seront remplis sur-le-champ par les officiers à qui il n'auroit pu en être fourni à cause de leur insuffisance.

45. Les officiers de l'artillerie attachés au service des places, ceux du corps du génie et les adjudans de place, conserveront seuls, pendant leurs absences par congés, les logemens en nature qui leur auront été affectés dans le lieu de leur résidence.

46. Il ne sera point affecté de logement en nature aux inspecteurs-généraux de l'artillerie et du génie, non plus qu'à leurs aides-de-camp et aux commissaires des guerres.

Du Logement payé en argent.

47. Dans les garnisons et quartiers où il ne se trouvera point de bâtimens militaires affectés au logement des officiers et autres fonctionnaires militaires, et dans ceux où les bâtimens seront insuffisans pour compléter les logemens nécessaires, il sera payé, par mois de présence, à tous les officiers qui n'auront pu être logés en nature, les sommes ci-après, pour leur tenir lieu de logement ;

S A V O I R :

A un général d'armée, cinq cents livres, ci. 500 liv.

A un lieutenant - général , cent cinquante livres, ci. 150

A un maréchal-de-camp employé, cent livres, ci. 100

A un adjudant-général-colonel, cinquante livres , ci. 50

A un adjudant-général-lieutenant-colonel, quarante livres , ci. 40

Aux capitaines et aux lieutenans adjoints aux adjudans-généraux, attendu qu'il n'y a point de loi de création pour ces grades. . . . . néant.

A un aide-de-camp-colonel, cinquante liv., ci.. 50

A un aide-de-camp-lieutenant-colonel, quarante livres , ci. 40

A un aide - de - camp - capitaine , dix-huit livres, ci. 18

A un aide-de-camp-lieutenant, douze livres, ci. 12

A un adjudant de place, capitaine, dix-huit liv. ci. 18

A un adjudant de place, lieutenant, douze livres, ci. 12

A un secrétaire-écrivain de place, douze liv., ci. 12

Régimens d'infanterie, de troupes à cheval et d'artillerie.

Au colonel, cinquante livres, ci. . . . . 50 liv.

Au lieutenant-colonel en chef d'infanterie légère, et autres lieutenans - colonels de la ligne , quarante livres, ci. 40

Au quartier-maître-trésorier, comme capitaine, dix - huit livres, ci. 18

A l'adjudant-major de régiment, s'il est capitaine , dix-huit livres, ci. 18

Et s'il n'est point capitaine, douze livres, ci. 12

Au capitaine, dix - huit livres, ci. 18

Au lieutenant, douze livres, ci 12

Au sous-lieutenant, douze livres , ci. 12

Au chirurgien - major , dix-huit livres , ci. . 18

A l'aumônier, douze livres, ci. 12

Officiers d'artillerie attachés au service des places, et employés de ce corps en résidence.

Au commandant de l'école, s'il est colonel, cinquante livres , ci. . . . . 50 liv.

Au colonel-directeur, cinquante livres, ci. . 50

Au lieutenant - colonel, quarante livres, ci. 40

Au capitaine, dix-huit livres, ci. 18

Aux professeurs des écoles, dix-huit livres, ci. 18

Aux répétiteurs, dix livres, ci. 10

Aux garde - magasins , dix livres , ci. . . . 10

Aux gardiens et artificiers, six livres, ci. . 6

Aux chefs d'ouvriers d'état, dix livres, ci. . 10

Aux ouvriers d'état et bateliers, six livres, ci. 6

Aux contrôleurs, douze livres , ci. 12

Aux conducteurs, dix livres, ci. 10

Aux réviseurs, dix livres , ci. 10

Officiers du génie, et employés de ce corps en résidence.

Au colonel-directeur, cinquante livres , ci. 50 liv.

Au lieutenant-colonel, quarante livres, ci. . 40

Au capitaine employé en chef, dix-huit livres, ci. 18 liv.

Au capitaine non employé en chef, dix-huit livres, ci. 18

Au lieutenant, dix-huit livres, ci. 18

Il sera accordé cent vingt livres à l'officier du génie, chargé en chef de la place, pour lui tenir lieu de l'augmentation du logement nécessaire à l'emplacement de ses bureaux, et au dépôt de plans, mémoires et papiers de la place, sans que ladite augmentation puisse, dans aucun cas, être attribuée au colonel-directeur.

Au garde des fortifications.	1.re classe, dix livres, ci.	10 liv.
	2.e neuf livres, ci.	9
	3.e huit livres, ci.	8
	4.e six livres, ci.	6
A l'éclusier des fortifications.	1.re classe, dix livres, ci.	10 liv.
	2.e neuf livres, ci.	9
	3.e huit livres, ci.	8
	4.e six livres, ci.	6

Au conservateur des casernes, neuf livres, ci. 9

Compagnies des invalides.

Les officiers de ces compagnies seront en tout point assimilés, pour le logement en argent, aux officiers des régimens.

Officiers retirés à la suite des places.

Ceux des officiers qui ont obtenu le logement en argent, en seront payés conformément à leurs grades.

Commissaires des guerres.

Conformément au règlement du premier novembre 1791, en exécution de la loi du 14 octobre de la même année, concernant la suppression, la recréation et les appointemens du corps desdits commissaires des guerres ; et d'après l'article 4 de ce règlement, ils ne pourront prétendre à être payés du logement en argent, puisqu'il fait partie de leurs appointemens.

Mais lorsqu'ils marcheront avec les troupes,

ils auront le logement suivant leurs grades, et dans les lieux de rassemblement.

48. Le tiers des sommes fixées par l'article 47 du présent décret, sera payé aux officiers supérieurs ; et la moitié sera pareillement payée aux capitaines inclusivement, jusque et y compris les sous-lieutenans, pour ceux d'entre eux qui auront des logemens non meublés dans les bâtimens militaires.

49. Le logement en argent ne sera payé aux officiers que pour le temps de leur présence ; en conséquence, nul ne devra en jouir pendant ses absences par congé ou autrement.

Les officiers de l'artillerie attachés au service des places, ceux du corps du génie et les adjudans des places, recevront seuls, pendant leurs congés, le logement, absens comme présens, dans le lieu de leur résidence.

Les inspecteurs-généraux de l'artillerie et du génie, ainsi que leurs aides-de-camp, recevront toujours leur logement en argent, et il leur sera payé pendant toute l'année.

50. Les officiers et fonctionnaires militaires qui rempliront par *interim* les fonctions du grade supérieur à celui dans lequel ils sont employés, ne pourront point s'en prévaloir pour demander à jouir du logement fixé à ce grade.

51. Les logemens des officiers et fonctionnaires militaires employés à Paris, et ceux des officiers de la garnison de cette ville, seront payés sur le pied de la moitié en sus des sommes déterminées pour leurs grades respectifs.

52. Les officiers et fonctionnaires militaires employés dans les cantonnemens et rassemblemens, payeront eux-mêmes, au moyen du logement en argent qu'ils recevront, l'indemnité due aux habitans qui leur auront fourni, par billet des officiers municipaux, le logement en nature et les écuries nécessaires à leurs chevaux. Les officiers des régimens payeront également cette indemnité, mais seulement pour leur logement.

Les officiers municipaux prononceront sur les contestations auxquelles ces indemnités pourront donner lieu.

53. Les habitans qui, dans les mêmes cas de rassemblement, cantonnement, de détachement, ou d'insuffisance des bâtimens militaires, auront logé les troupes, seront indemnisés sur le pied ci-après, du logement qu'ils leur auront donné, et des écuries qu'ils auront fournies aux chevaux des régimens et des équipages ;

SAVOIR :

Logement d'un adjudant, tambour, et trompette-major, sergent-major, maréchal-des-logis en chef, conducteurs et principaux employés des équipages, qui doivent coucher seuls, trois sous par nuit.

Logement des autres sous-officiers, des soldats et employés, logés comme soldats, un sou six deniers par nuit et par homme.

Place dans les écuries pour les chevaux des troupes à cheval, et pour ceux des équipages, un sou par nuit et par cheval.

Et lorsqu'il manquera des lits, pour le casernement des troupes, dans les bâtimens militaires, les habitans seront indemnisés de ceux qu'ils y fourniront, avec les ustensiles, à raison de deux sous par lit et par nuit.

Quant aux magasins dont les troupes détachées ou cantonnées pourront avoir besoin momentanément, le loyer en sera réglé par les officiers municipaux, pour le temps de leur occupation.

54. Les indemnités fixées par l'article ci-dessus, seront payées aux habitans par l'intermédiaire des officiers municipaux, qui en dresseront un état tous les trois mois : cet état sera appuyé de certificats délivrés par les commandans des troupes ; il sera ensuite arrêté par le commissaire des guerres, et ordonnancé par le commissaire-ordonnateur, pour être payé sur la masse du casernement.

55. Le logement et les écuries nécessaires aux troupes de passage devant leur être fournis sans indemnité, les officiers de ces troupes ne rece-

vront point le logement en argent pendant qu'ils
seront en marche ; ils ne le recevront point
aussi lorsqu'ils seront campés.

RÈGLEMENT

Extrait du registre des arrêtés du comité de salut public, concernant le maintien de l'ordre et de la propreté dans les bâtimens militaires à l'usage des troupes de la république.

Du 30 thermidor, l'an 2.ᵉ de la république françoise.

Le comité de salut public informé que les règlemens sur le logement des troupes, dans les casernes et pavillons, sont insuffisans ou mal observés, et que l'ordre et la propreté, si nécessaires pour la santé des braves défenseurs de la république, et la conservation des bâtimens et fournitures destinés à leur usage, ne sont pas régulièrement maintenus ; Arrête :

TITRE PREMIER.

Surveillance, police et entretien des bâtimens militaires servant de casernes et de pavillons.

ARTICLE PREMIER.

Surveillance des casernes et pavillons, attribuée aux commandans des places.

Les commandans des places de guerre et des postes militaires où il se trouve des bâtimens affectés au logement des troupes, et sous eux, les adjudans de ces places, auront la surveillance de ces

ces bâtimens, pour (conformément au présent règlement) y maintenir, par leur autorité, l'ordre qui doit y régner.

Deux visites par jour, faites dans les casernes, par le lieutenant ou sous-lieutenant de chaque compagnie.

2. Ils tiendront la main à ce que le lieutenant ou le sous-lieutenant de chaque compagnie, dans tous les corps de la garnison, fasse régulièrement deux visites par jour dans les chambres, corridors et escaliers occupés par sa compagnie, pour s'assurer qu'ils sont tenus dans la plus grande propreté.

La première visite aura lieu le matin, une heure après le lever de la troupe, et la seconde, au soir, vers quatre heures.

Détails d'inspection du lieutenant ou sous-lieutenant dans les casernes.

3. L'officier de visite dans chaque compagnie exigera que les lits soient faits après le lever des troupes, conformément à l'article 2, section première du titre V du présent règlement ; que les chambres soient aussitôt balayées et nettoyées ; que les fenêtres en soient tenues ouvertes pendant un temps convenable, suivant la saison, pour en renouveler l'air ; et que toutes les autres dispositions du présent règlement soient journellement et ponctuellement exécutées.

Un ou deux capitaines de la garnison, pris par tour, pour les visites journalières dans les casernes et pavillons.

4. Indépendamment de l'officier de visite par compagnie, il sera nommé, chaque jour, à la garde montante, un ou deux capitaines, suivant la force de la garnison, pour faire la visite générale des casernes et pavillons de la place.

Ces officiers seront pris par tour, comme pour les autres services.

Logem. et Casern.   G

Responsabilité des capitaines de visite.

5. Le capitaine de visite de la garnison sera personnellement responsable au commandant de la place, de l'exécution du présent règlement.

Les officiers de visite des compagnies en seront responsables à celui de la garnison.

Le sergent-major de la compagnie, ou celui qui en fera les fonctions, en sera responsable à l'officier de visite.

Enfin, le chef de chaque chambrée en sera responsable au sergent-major.

Le capitaine de visite fera son rapport par écrit au commandant de la place.

Responsabilité des capitaines de visite.

6. Les capitaines de la garnison pour la visite des casernes et pavillons, se transporteront chaque jour dans les casernes, après l'heure de la soupe, vers onze heures du matin. A l'égard des pavillons, ils les inspecteront également le matin, depuis neuf heures jusqu'à onze, pour s'assurer si la propreté, dont le soin est réservé au casernier du bâtiment, règne dans les chambres principalement, ainsi que dans les cours, corridors et escaliers.

Rapport du lieutenant ou sous-lieutenant, fait journellement au commandant de la place.

7. Les officiers remettront sur-le-champ au commandant ou à l'adjudant de la place, le résultat sommaire, et par écrit, de leur visite; et en cas de négligence de leur part, ils seront punis des arrêts.

Visite dans les casernes et pavillons par le commandant de la place, ou l'adjudant.

8. Le commandant de la place fera lui-même, ou fera faire par l'adjudant, des visites aussi fréquentes qu'il le jugera convenable, pour s'assurer du bon ordre et de la propreté entrenus dans les logemens, et vérifiera le rapport qui lui en aura été fait par l'officier de visite.

Il sera accompagné dans les visites qu'il fera, sans en prévenir, par un sergent de celles des compagnies dont il voudroit visiter les chambres.

Police des casernes et pavillons, appartenant aux commissaires des guerres.

9. La police du logement dans les casernes et pavillons appartenant aux commissaires des guerres, ils devront être instruits sur-le-champ de tous les mouvemens de troupes qui auront lieu dans leur arrondissement, et aucun mouvement de cette nature ne pourra être ordonné, sans qu'ils en soient prévenus par le commandant de la place.

Renseignemens sur les logemens militaires, donnés par les commissaires des guerres, à la réquisition des officiers municipaux et des généraux des armées.

10. Les commissaires des guerres donneront aux officiers municipaux et aux généraux des armées, ainsi qu'aux commandans de places, tous les renseignemens qui pourroient leur être demandés sur les logemens militaires.

Les corps administratifs ou judiciaires ne pourront faire aucune visite dans les bâtimens, sans en prévenir le commissaire des guerres qui devra les y accompagner.

Les visites des corps administratifs ou judiciaires et toutes autorités constituées, ne seront jamais relatives à aucune branche d'administration militaire, et ne pourront avoir lieu que pour faits de police ou de juridiction civile.

Conférence entre le commandant de la place, les commissaires des guerres et l'ingénieur.

11. Les commissaires des guerres, les commandans et les adjudans de places seront tenus de se concerter sur ce qui concerne l'ordre et la propreté des casernes, ainsi que la conservation des fournitures, et les ingénieurs se concerteront de même avec eux pour ce qui concerne l'entretien et la réparation des bâtimens.

G 2

Lorsque le commandant de la place, le commissaire des guerres ou l'ingénieur croiront leur présence nécessaire dans les bâtimens militaires, chacun d'eux fera prévenir les autres, et nul ne pourra se dispenser d'y assister pour opérer conjointement.

Conférences particulières entre les commissaires des guerres et l'ingénieur.

12. Les ingénieurs seront expressément chargés, et sur leur responsabilité, de surveiller ou faire surveiller l'entretien des casernes et pavillons appartenant à la république, et ils se concerteront avec les commissaires des guerres ayant la police des troupes et des casernes et pavillons, pour les réparations urgentes que les circonstances pourront exiger, soit aux bâtimens, soit aux meubles et ustensiles de casernes appartenantes à la république.

Lorsque les réparations à faire exigeront quelques changemens dans les distributions de logement, ainsi que par rapport aux meubles et ustensiles dont les ingénieurs seront chargés, ils se concerteront avec les commissaires des guerres.

Désignation des effets de casernes qui concernent les ingénieurs, et de ceux qui concernent les commissaires des guerres.

Les effets de casernes qui seront sous la main de l'ingénieur, seront les rateliers d'armes, ceux d'havresacs, planches à pain, bancs et tables. Ceux qui concerneront particulièrement les commissaires des guerres, seront les lits, les poêles et objets qui en dépendent.

TITRE II.

Caserniers.

SECTION PREMIÈRE.

Leur nomination.

ARTICLE PREMIER.

Établissement des caserniers dans les bâtimens militaires.

Il sera établi, à compter du premier vendémiaire, troisième année républicaine, dans les places de guerre et postes militaires où il se trouve des bâtimens affectés au logement des troupes, des employés, sous le nom de caserniers, pour être chargés du soin de ces logemens.

Nomination des caserniers.

2. Les nominations des caserniers n'auront lieu qu'autant que les bâtimens auxquels ces employés devront être attachés, se trouveroient absolument réputés bâtimens militaires servant habituellement au logement des officiers et soldats de tous grades, ou d'écuries pour les chevaux.

Il n'en sera point établi dans les autres bâtimens qui n'auroient qu'accidentellement cette destination.

Indication des sujets qui paroîtront propres à remplir les fonctions de caserniers.

3. Le commissaire des guerres de chaque place se concertera avec les ingénieurs, pour indiquer à la commission des travaux publics les sujets qui lui paroîtront propres à remplir ces places, et il désignera la classe dans laquelle ils devront être compris, ainsi qu'il sera énoncé ci-après.

SECTION II.

Classement et traitement des caserniers.

ARTICLE PREMIER.

Les caserniers seront divisés en trois classes, de la manière suivante :

Pour un ou plusieurs bâtimens séparés, qui contiendront de quatre-vingts à cent chambres, y compris les écuries, il sera établi un casernier, dont le traitement sera de six cents livres par année. . . . . 600 liv.

Pour un ou plusieurs bâtimens séparés, qui contiendront soixante à quatre-vingts chambres, y compris les écuries, il sera établi un casernier, dont le traitement sera de cinq cents livres, ci. . . . . . 500 liv.

Pour un ou plusieurs bâtimens qui contiendront un nombre au-dessous de soixante chambres, y compris les écuries, il sera établi un casernier, dont le traitement sera de quatre cent cinquante livres, ci. . . . . 450 liv.

Ces employés seront logés dans les bâtimens militaires, ainsi qu'il sera réglé ci-après.

Répartition des emplacemens confiés au soin des caserniers.

2. Dans les bâtimens uniquement destinés au logement des troupes, et auxquels il ne se trouveroit adossé aucun logement de soldats, il n'en sera pas moins placé un casernier.

Lorsque ce bâtiment contiendra de quarante à soixante chambres, la surveillance du casernier y sera entièrement fixée, et son traitement seroit de quatre cents livres par année.

Lorsque, au contraire, ce bâtiment contiendra moins de quarante chambres, la surveillance du casernier s'étendra aussi sur un second bâtiment, pour qu'il lui soit confié le soin de quarante à soixante chambres ; alors son traitement sera de cinq cents livres par année , et il logera dans le bâtiment le plus considérable.

Fonctions de casernier principal confiées au conservateur des bâtimens militaires.

3. Indépendamment des caserniers particuliers des bâtimens , le conservateur des bâtimens militaires , nommé et établi dans la place , sera aussi chargé des détails du logement ; il guidera dans leurs fonctions les caserniers ; il se fera donner tous les renseignemens nécessaires sur l'assiette , la distribution et le mouvement des logemens.

Il sera toujours présent aux établissemens qui se feront à l'arrivée d'une troupe, et aux évacuations qui auront lieu à son départ. Il sera particulièrement responsable , envers le commissaire des guerres , de ce qui concerne le détail du logement , et envers l'ingénieur , de ce qui a rapport à la conservation des bâtimens.

Le traitement de chaque conservateur des bâtimens militaires , est fixé , à compter du premier vendémiaire prochain ;

S A V O I R :

Dans les places de guerre , de première classe. . . . . 900 l. par an.
Dans celles de deuxième classe. . . . . 800 *idem.*
Dans celles de troisième classe. . . . . . 720 *idem.*

Mode de payement des traitemens de caserniers.

4. Le traitement des caserniers et conservateurs des bâtimens militaires , sera payé , tous les trois mois , par le payeur de la guerre , sur les états de revue qui en seront arrêtés par le commissaire des guerres.

Mode de classement des caserniers.

5. Pour régler à quelle classe de traitement devra appartenir un casernier , et déterminer le

nombre de chambres composant le même corps
de casernes ou de pavillons confiés à ses soins,
on comptera indistinctement tous les logemens
d'officiers qui seroient composés d'une chambre
et d'un cabinet, les chambres de soldats, et les
écuries, renfermés dans l'étendue du même bâtiment.

SECTION III.

Logement des caserniers.

ARTICLE PREMIER.

Fixation du logement des caserniers.

Il sera désigné, dans chaque corps de casernes
ou pavillons, un logement pour le casernier, à
l'entrée et au rez-de-chaussée de ces bâtimens,
autant que faire se pourra : il sera composé d'une
chambre et d'un cabinet, ou de deux chambres,
à défaut de cabinet.

Le logement du conservateur des bâtimens sera
établi dans le bâtiment militaire le plus à portée
du commissaire des guerres, et sera composé de
deux chambres.

Le commissaire des guerres et les ingénieurs
de la place se concerteront entre eux pour le
choix de ces logemens, lesquels ne seront garnis
d'aucun meuble appartenant à la république, et
ne pourront, sous aucun prétexte, être affectés
à un autre usage, que quand ils en auront reconnu l'indispensabilité, et après qu'il aura été
pourvu à leur remplacement.

Défense aux caserniers de donner à boire ni à manger aux militaires.

2. Il est défendu aux caserniers de donner à
boire ni à manger aux officiers et soldats.

SECTION IV.

Fonctions des caserniers.

ARTICLE PREMIER.

État général des logemens à remettre , au pre-
mier vendémiaire , au commissaire des guerres
et à l'ingénieur.

Les commissaires des guerres étant spécialement chargés et responsables de l'emploi des
logemens militaires , conformément à leur insti-
tution et aux règlemens qui les concernent ,
chacun d'eux se fera remettre , dans le courant
de la première décade de vendémiaire prochain ,
par le conservateur des bâtimens militaires , un
état général de tous les logemens dont il aura
la police ; il en sera remis un double à l'ingénieur
principal employé dans la place.

Ces états seront dressés suivant la forme des
modèles n.os 1 et 2, annexés au présent règlement.

Vérification faite par le commissaire des guerres
et l'ingénieur , de l'état général des logemens
militaires.

2. Le commissaire des guerres fera , de concert
avec l'ingénieur principal , la vérification de ses
états , en se transportant , à cet effet , dans les
bâtimens , et il en dressera deux procès-verbaux.

Procès-verbal tenu à ce sujet , par les commis-
saires des guerres.

L'un, de la manière dont ils sont occupés
actuellement ; l'autre, des ressources qu'ils pourroient offrir , en cas de besoin , soit par des
changemens et augmentations qu'on pourroit y
faire , soit en faisant placer des lits de plus par
chaque chambre, si le local le permet.

Autre procès-verbal à tenir , et dans quel cas.

Le second procès-verbal ne sera nécessaire

qu'autant que l'ingénieur sera d'accord avec le commissaire des guerres, sur l'avantage et la possibilité de ces changemens.

Envoi de ces procès-verbaux à l'ordonnateur et à la commission des travaux publics.

Le commissaire des guerres enverra au commissaire-ordonnateur de la division, deux expéditions de chacun de ces procès-verbaux, dont un sera adressé, par l'ordonnateur, à la commission dés travaux publics; il en remettra aussi deux copies à l'ingénieur, qui en fera passer une à son directeur, pour avoir son approbation.

Escaliers et logemens des casernes et pavillons, numérotés d'une manière uniforme.

3. L'ingénieur donnera les ordres nécessaires pour qu'au premier vendémiaire, tous les escaliers des pavillons et des casernes et les chambres soient numérotés d'une manière uniforme, et au-dessus du châssis, en commençant par le numéro premier à chaque escalier, jusqu'à celui qui indiquera la dernière chambre qui en fera partie; et afin de distinguer les logemens de capitaines de ceux de lieutenans et sous-lieutenans, il fera inscrire le grade auquel chaque chambre sera destinée.

Usage à faire de l'état général des logemens militaires.

4. L'état de situation de chaque corps de casernes et pavillons, et des logemens qu'il pourroit fournir, étant une fois bien constaté, le commissaire des guerres chargé de la police des bâtimens militaires, en adressera un double, dans le courant de la première décade du mois de vendémiaire prochain, au commissaire-ordonnateur de la division dont il fait partie.

Le commissaire-ordonnateur de chaque division ayant réuni tous les états particuliers des places

de son arrondissement, en formera un travail
général, auquel il joindra ses observations; il
en enverra une expédition directement au comité
de salut public, section de la guerre, et une
à la commission de commerce et approvisionnemens, avant le 3o vendémiaire; il sera personnellement responsable de l'envoi de ce travail.

*État des mouvemens de logement, à remettre
par les caserniers au conservateur des bâtimens militaires.*

5. Le casernier de chaque bâtiment remettra,
le premier jour de chaque décade, au conservateur des bâtimens militaires, une feuille de tous
les mouvemens survenus pendant la décade précédente, dans les logemens dont il sera chargé
de la surveillance; cette feuille sera conforme
aux modèles ci-annexés, n.os 3 et 4, et le
conservateur des bâtimens en fera l'usage ci-après
indiqué.

*Contrôles de logemens, tenus par le conservateur
des bâtimens militaires.*

6. Le conservateur des bâtimens tiendra lui-
même des contrôles de logement, séparés par
chaque bâtiment, et d'après les feuilles de mouvement dont il aura dû constater la vérification;
il portera chaque mutation sur les contrôles qui
seront conformes aux modèles n.os 5 et 6.
Il sera obligé de remettre, le premier jour de
chaque décade, au commissaire des guerres et à
l'ingénieur, un état qui présentera le résumé de
la situation du logement, afin que l'on puisse
connoître le nombre de chambres qui sont occupées, et celles qui sont vacantes: cet état sera
conforme aux modèles n.os 7 et 8.

*Clefs des chambres évacuées, remises au caser-
nier.*

7. Les caserniers se feront remettre sur-le-champ

les clefs des chambres qui auront été évacuées par un corps dans la même caserne, comme devant être inutiles à son logement.

A cet effet, aussitôt que le logement aura été resserré et les chambres évacuées, le casernier en informera le conservateur des bâtimens, qui en rendra compte au commissaire des guerres, lequel requerra le commandant du corps de faire reporter les fournitures de lits au magasin; après quoi les clefs des chambres seront remises au casernier, afin qu'il puisse y maintenir la propreté.

Ordre du commissaire des guerres pour que les clefs et les fournitures soient délivrées en cas d'extension de logement.

8. Lorsqu'il aura été reconnu nécessaire de donner à un corps une extension de logement dans le même corps de casernes où il sera établi, on lui remettra des chambres qu'il y avoit occupées précédemment; le commissaire des guerres en sera averti, et il donnera des ordres au casernier pour la remise des clefs, et au garde-magasin, pour la livraison des fournitures; le tout dans les formes et avec les précautions qui seront expliquées ci-après.

Responsabilité des caserniers pour les effets restés dans les chambres, dont ils auront les clefs.

9. Les caserniers étant dépositaires des clefs des chambres, lorsque ces chambres deviendront vacantes, ils demeureront responsables des effets qui auront été reconnus y exister, tels que bois de lits, paillasses, bancs, tables, planches à pain, rateliers d'armes, d'havresacs, portemanteaux, etc., soit qu'ils appartiennent à la république, soit au loueur des lits militaires; néanmoins, celui-ci sera libre de retirer les effets à lui appartenans, pour les remettre en magasin, et les caserniers seront présens à l'enlèvement.

TITRE III.

Assiette et distribution du logement.

ARTICLE PREMIER.

Quartier-maître, ou un officier envoyé à l'avance, pour prévenir l'arrivée de son corps.

LORSQU'UN corps aura reçu ordre de se rendre dans une place pour y tenir garnison, le commandant du corps fera partir à l'avance le quartier-maître ou autre officier désigné par le conseil d'administration, pour préparer le logement ; cet officier s'adressera au commissaire des guerres de la place, chargé du casernement, et lui remettra un état de la force effective du corps.

Indication donnée par le commissaire des guerres, du logement que devra occuper un corps qui arrive.

2. Le commissaire des guerres, d'après l'examen du contrôle de logement qu'il se fera représenter par le conservateur des bâtimens militaires, reconnoîtra l'emplacement le plus propre au logement du corps dont on lui aura remis l'état effectif, et toutes choses égales, il préférera, pour les nouveaux logemens, les casernes et pavillons qui auront été le plus anciennement vacans. En conséquence, il donnera ordre au casernier de les tenir prêts pour le logement de la nouvelle troupe.

Fixation du logement à accorder à un corps.

3. Le commissaire des guerres se réglera, pour le nombre de chambres et écuries à donner, sur le strict nécessaire, sans que la faculté d'étendre le logement dans le corps de casernes qu'il aura choisi, puisse le déterminer à aucune facilité ni

complaisance à cet égard, qui lui sont absolument interdites, sur sa responsabilité, étant nécessaire de ménager les excédens des logemens pour des cas imprévus ; en conséquence, la loi du 23 mai 1792 (vieux style), et le règlement qu'elle a approuvé à ce sujet, seront observés avec la plus scrupuleuse exactitude, et il se conformera, particulièrement pour la distribution du logement, à l'article suivant.

Fixation du logement à accorder à un corps.

4. Pour éviter la distribution trop vague des emplacemens convenables aux établissemens des magasins et ouvriers des corps, citée dans le règlement annexé à la loi du 23 mai 1792 (vieux style), le commissaire des guerres ne pourra s'écarter de celle ci-après indiquée ;

S a v o i r :

A un maître tailleur ou à un maître culottier, une chambre pour les ouvriers qui travailleront à la réparation de l'habillement, et dans laquelle il pourra loger.

A un maître cordonnier ou à un maître bottier, une chambre pour les ouvriers qui travailleront à la réparation des souliers ou bottes, dans laquelle il pourra loger.

A un maître armurier ou éperonnier, une chambre pour le même usage.

A un maître sellier, une chambre pour le même usage ; et, dans le cas où il seroit chargé d'un dépôt de sellerie trop considérable, il lui en sera accordé une seconde pour servir de magasin.

Aux deux blanchisseuses de chaque corps, à chacune une chambre au rez-de-chaussée, dans laquelle elles pourront travailler et loger.

L'adjudant, les sergens-majors, les maréchaux-de-logis en chef, le tambour-major, trompette-major, le chef musicien, logeront à raison de quatre hommes par chambre, et coucheront séparément.

Tous autres grades coucheront deux à deux, et dans les chambres où il sera placé le plus de lits possible, ainsi qu'il aura été fixé par l'ingénieur principal et le commissaire des guerres, conformément à l'article 2, section IV, titre II du présent règlement.

A chaque capitaine, une chambre et un cabinet.

A un lieutenant et sous-lieutenant, une chambre et un cabinet pour deux.

L'ingénieur prévenu de l'arrivée d'un corps, donnera des ordres au conservateur de délivrer le logement indiqué.

5. L'ingénieur sera prévenu par le commissaire des guerres, de l'arrivée de la nouvelle troupe, et du logement qu'il lui aura destiné ; en conséquence, cet officier donnera des ordres au conservateur des bâtimens militaires d'accompagner, dans la visite et la reconnoissance du logement, le quartier-maître ou autre officier envoyé à cet effet, et le casernier lui ouvrira successivement toutes les chambres et écuries qu'il aura reçu ordre de lui délivrer.

Cette visite aura lieu ainsi.

TITRE IV.

Formalités pour l'établissement d'une troupe dans son logement, et pour l'évacuation.

SECTION PREMIÈRE.

Des bâtimens, effets et ustensiles de casernes.

ARTICLE PREMIER.

Visite des logemens.

CONFORMÉMENT à l'article 5 du titre III du présent règlement, lorsque le conservateur des bâtimens militaires aura reçu l'ordre d'accompagner, dans la visite d'un quartier, l'officier qui sera chargé du logement d'un corps de troupes qui devra arriver, le conservateur et le casernier en parcourront successivement avec lui toutes les chambres et écuries, pour constater l'état des bâtimens, chambres, portes, fenêtres et vitres, et les petites réparations à la charge de la république.

Inspection des effets et ustensiles des casernes.

Le nombre et l'état des effets et ustensiles de casernes, comme bancs, tables, planches à pain, rateliers d'armes et d'écuries, porte-manteaux, etc. sera pareillement reconnu, le tout pour servir à la remise des lieux, des effets et ustensiles, lors du départ de la troupe, au même état où elle les aura reçus, sauf le dépérissement naturel des choses, qui ne pourra jamais lui être imputé.

Reconnoissance des logemens, délivrée au conservateur.

2. L'officier remettra au conservateur une reconnoissance du nombre des chambres et des effets qu'elles renferment, ainsi que de leur situation.

Si, dans le cours de la visite, il s'élevoit quelques difficultés sur la réception des lieux ou des effets dans l'état où ils se trouvent, le commissaire des guerres et l'officier du génie y seront appelés pour les terminer.

Reconnoissance d'effets et ustensiles, délivrée au garde-magasin des lits militaires.

3. Dans les places où les effets et ustensiles de casernes appartiennent à l'entrepreneur du coucher des troupes, il sera nommé deux experts pour en constater l'état, l'un par l'entrepreneur ou son préposé, l'autre par l'officier chargé du logement.

En

En cas de difficulté, elle sera terminée par un sur-expert, nommé par le commissaire des guerres.

L'officier délivrera pareillement, comme il est dit ci-dessus, au garde-magasin sa reconnoissance de l'état des effets et ustensiles, et en remettra un double au casernier.

Réparation des dégradations survenues.

4. Si, pendant qu'un corps occupe un logement, il survenoit des dégradations, soit aux bâtimens, soit aux effets et ustensiles de casernes, et qu'elles fussent reconnues provenir du fait de la troupe, elles seront sur-le-champ réparées, aux dépens des hommes de la chambre où la dégradation aura été faite.

Le commissaire des guerres et l'ingénieur, prévenus du départ d'un corps ou d'un détachement.

5. Aussitôt que l'ordre du départ d'un corps ou détachement sera parvenu au commandant de la place ou au commandant du corps, il en fera prévenir l'ingénieur et le commissaire des guerres, afin que l'un et l'autre puissent faire les dispositions nécessaires pour la remise du logement et des effets et ustensiles, tant ceux appartenant à la république, que ceux appartenant à l'entrepreneur, dans la forme et suivant les règles ci-dessus indiquées.

Mode d'évaluer les dégradations des effets et fournitures.

6. En cas de dégradations des lieux ou des effets et ustensiles, provenant du fait de la troupe, et non du dépérissement naturel des choses, il en sera fait un état estimatif, dont le montant sera payé ainsi qu'il sera dit ci-après, et sera versé dans la caisse du payeur de la guerre, par les soins de l'ingénieur.

La même opération aura lieu dans les pavillons, et les dégradations qui y auront été faites

Logem. et Casern.   H

par les officiers, seront acquittées de la même manière.

SECTION II.

Des lits de casernes.

ARTICLE PREMIER.

Avis donné par le commissaire des guerres au garde - magasin des lits, de l'arrivée d'un corps.

Le commissaire des guerres fera prévenir sur-le-champ le garde-magasin des lits militaires de l'arrivée d'un corps ou d'un détachement, ainsi que de sa force, tant en soldats qu'en officiers, afin que les fournitures se trouvent disposées au magasin, pour son arrivée.

Ordre du nombre de lits à délivrer à un corps.

2. Le commissaire des guerres remettra aussi à l'officier qui aura dévancé l'arrivée du corps ou détachement, l'état indicatif du nombre des fournitures qui sera nécessaire pour le coucher de la troupe ; mais il ne le fera que d'après l'assurance qu'il aura du nombre existant effectivement dans le magasin.

État général du magasin des lits, à remettre, au premier vendémiaire, par le garde-magasin, au commissaire des guerres, et usage qu'il devra en faire.

3. Le commissaire des guerres qui sera chargé de la police du magasin des lits militaires, se fera remettre, par le garde-magasin, le premier vendémiaire prochain, un état de situation de la quantité d'effets qui composeront le magasin, tant de ceux servant à l'ameublement des logemens d'officiers dans les pavillons, que de ceux servant au coucher des troupes dans les casernes ; il le vérifiera, pour s'assurer de son exactitude,

et il fera passer un double de cet état, dans le courant de la première décade du mois de vendémiaire, au commissaire-ordonnateur des guerres de la division dont il fait partie.

Le commissaire-ordonnateur de chaque division ayant réuni tous les états particuliers des places de son arrondissement, en formera un travail général, auquel il joindra ses observations : il en enverra une expédition directement *au comité de salut public, section de la guerre*, et une *à la commission de commerce et approvisionmens*, avant le 30 vendémiaire ; il sera personnellement responsable de l'envoi de ce travail.

De semblables états seront remis, le premier jour de chaque décade, par le garde-magasin des lits, au commissaire des guerres, afin qu'il puisse toujours être bien instruit du nombre et de l'état des fournitures employées, de la situation du magasin et des ressources qu'il offre pour les cas imprévus ; ces états seront dans la forme de ceux annexés au présent règlement, sous les nos. 9 et 10.

A la même époque, il sera remis aussi, par l'entrepreneur, au commissaire des guerres, une copie de son marché, afin qu'il tienne la main la plus exacte à l'exécution de toutes les obligations de l'entrepreneur.

Recensement des bois de lits, paillasses, existans dans le logement d'une troupe arrivante.

4. Le garde-magasin des lits militaires s'entendra aussitôt avec le quartier-maître ou l'officier qui le représentera, pour procéder, en présence du casernier, à la reconnoissance des bois de lits et paillasses qui se trouveront dans les chambres des casernes destinées à son logement ; l'officier fournira au garde-magasin un reçu de ces effets.

Repartition du logement d'un corps, entre les sergens-majors.

5. La troupe étant arrivée, l'officier qui aura fait la réception des logemens, fera assembler les

sergens - majors des compagnies; et, suivant la force de chacune d'elles, il leur fera remettre, par le casernier du bâtiment, les clefs des chambres qui leur seront destinées: le sergent-major s'occupera aussitôt de la répartition.

Réception des fournitures de lits.

6. Les logemens étant distribués aux compagnies, chaque sergent-major ordonnera qu'un nombre d'hommes suffisant se tienne prêt à l'accompagner au magasin des lits militaires, pour y recevoir les effets qui seront nécessaires au coucher de sa compagnie, et tous les détachemens partiront en bon ordre pour se rendre au magasin, sous la conduite du quartier-maître ou d'un adjudant.

Réception des fournitures de lits.

7. La distribution des fournitures se fera par compagnie, en présence du quartier-maître, ou d'un officier nommé par le conseil d'administration, et du sergent-major de chaque compagnie. L'un et l'autre examineront avec attention les effets avant de les recevoir, et ne se chargeront que de ceux qui seront en bon état.

Idem.

8. La distribution des fournitures étant achevée, chaque sergent-major reconduira sa troupe à la caserne dans le même ordre, et tiendra la main à ce que les effets du magasin ne soient ni traînés, ni posés dans la rue.

Reçu délivré par le quartier-maître au garde-magasin des lits, de la quantité d'effets qui aura été délivrée.

9 Le quartier-maître, ou celui qui le remplacera, tiendra une note exacte du nombre des effets délivrés, et remettra au garde-magasin un reçu détaillé de la quantité de matelas, traversins, draps et couvertures qui lui auront été fournis.

Reçu délivré au quartier-maître, par chaque sergent-major de compagnie.

10. Le quartier-maître aura soin de se faire remettre par chaque sergent-major un reçu particulier de la quantité de ces effets, qui aura été délivrée à sa compagnie.

Idem *au sergent-major, par chaque chef de chambrée.*

Le sergent-major se fera remettre un pareil reçu par chaque chef de chambrée.

Comptabilité des fournitures de lits, tenue par le quartier-maître.

11. Le quartier-maître tiendra un registre sur lequel il inscrira le nombre de fournitures qu'il aura reçues du garde-magasin, divisée par chaque compagnie.

Ce registre contiendra charge et décharge, et sera conforme au modèle ci-joint, n°. 11.

Inspection des fournitures de lits, le premier jour de chaque décade.

12. Le capitaine de chaque compagnie, accompagné du sergent-major, vérifiera, le premier jour de chaque décade, la situation des lits occupés par sa compagnie, dans les casernes, afin de s'assurer du nombre et de l'état dans lequel ils se trouveront, et en fera son rapport au commandant du corps.

Échange des fournitures en service, qui se trouveroient dégradées.

13. Si, d'après la vérification faite des fournitures occupées dans les casernes, il en est reconnu qui aient éprouvé des dégradations, elles seront sur-le-champ renvoyées au magasin, pour être échangées contre un pareil nombre en bon état, et les dégradations, estimées par expert, seront

payées comptant au garde-magasin, par le quartier-maître, qui exercera le montant de la retenue de ces dégradations sur le prêt de ceux qui les auroient occasionnées.

Ne seront pas compris dans les dégradations à la charge de la troupe, celles qui proviendroient du dépérissement naturel des effets et fournitures.

Surveillance des chefs de chambrée, pour la conservation des fournitures.

14. Les chefs de chambrée apporteront une attention rigoureuse à ce que les soldats ne se couchent point sur les lits avec leurs souliers et leurs bottes.

Ils empêcheront aussi que les hommes ne battent leurs habits dans la chambre, mais ils permettront qu'ils le fassent dans les corridors, ou hors des bâtimens.

Ils tiendront pareillement la main à ce qu'on ne nettoie pas les armemens sur les lits, et que l'on ne se serve jamais des draps et couvertures pour faire des rideaux ou pour essuyer quelque chose.

Il est expressément défendu de se servir des draps et couvertures, pour aller aux distributions de pain ou de tourbes ; dans le cas de contravention à cet article, les sergens de la compagnie ou tout autre chargé d'accompagner, sera sévèrement puni.

Les camarades de chambrée se surveilleront réciproquement entr'eux, afin d'éviter des dégradations qui retomberoient solidairement à leur charge.

Surveillance des sergens-majors, pour la conservation des couvertures.

15. Il est expressément défendu aux soldats de battre leurs couvertures avec des baguettes, sous prétexte de les nettoyer de la poussière, et le commandant du corps fera punir sévèrement tout soldat qui auroit contrevenu au présent article, ainsi que le sergent-major de la compagnie, qui auroit négligé de le faire observer. On devra se contenter,

pour la propreté des couvertures, de les secouer dans les cours, une fois par décade, et les chefs de chambrée veilleront, sous l'autorité des sergens-majors, à ce que cette opération s'exécute de manière à ne point altérer la bonté des effets.

La paille des paillases, renouvelée tous les six mois.

16. La paille des paillasses sera renouvelée tous les six mois, à raison de trente livres pesant par paillasse ; cette opération se fera en présence du quartier-maître, qui reconnoîtra la bonne qualité de la paille ; le garde-magasin des lits aura soin de retirer un certificat du quartier-maître, qui annoncera la quantité des paillasses renouvelées, et la date indiquera l'époque.

La vieille paille provenant des paillasses, sera transportée par la troupe dans un endroit où le dépôt ne puisse occasionner aucun danger.

Surveillance des chefs de chambrée, pour la conservation de la paille.

17. Le chef de chaque chambrée tiendra la main, sur sa responsabilité, à ce que l'on ne consomme jamais la paille qui se trouvera dans les paillasses, soit pour nettoyer les marmites, soit pour allumer le feu.

Le commissaire des guerres prévenu du départ d'un corps.

18. Le commandant du corps qui aura reçu l'ordre de quitter la garnison, en préviendra aussitôt le commissaire des guerres, afin qu'il prenne les mesures nécessaires pour le départ et pour la remise des fournitures.

Remise des fournitures en magasin.

19. Le commandant du corps donnera l'ordre de faire transporter les fournitures au magasin, la veille du départ de la troupe ; elles seront

reportées de la même manière et dans le même ordre qu'elles en auront été tirées, et l'on ne laissera dans les chambres que les bois de lits et paillasses pleines, dont il sera fait un recensement particulier.

Idem. *En cas de départ précipité du corps.*

20. Si le départ n'a point été prévu, et que cette opération n'ait pu s'exécuter la veille, le commandant du corps fera reporter les fournitures, et procéder au recensement des bois de lits et paillasses, le jour même du départ.

Dans le cas d'un départ précipité, il laissera un officier désigné par le conseil d'administration, avec un sergent de chaque compagnie, et un détachement suffisant, pour y procéder.

Les effets de couchage qui doivent rentrer dans les magasins, y seront rapportés par les corps, ou aux frais des corps, par quelque moyen que ce soit.

Mode de la remise des fournitures en magasin, et expertise des dégradations, et valeur d'effets manquant.

21. Le garde-magasin étant prévenu par le commissaire des guerres, de l'heure qui aura été indiquée pour la remise des fournitures, tiendra un emplacement disposé pour les recevoir, et nommera un expert pour procéder à leur vérification, contradictoirement avec celui qui sera nommé par le quartier-maître ou par l'officier qui le remplacera.

Le quartier-maître ou un officier, présent à la remise des fournitures.

22. Chaque espèce d'effets sera comptée par le sergent-major, en présence du commissaire des guerres, du quartier-maître ou de l'officier désigné par le conseil d'administration, et du garde-magasin ; la situation desdits effets sera examinée

examinée séparément par les experts respectifs.

Ces experts estimeront les dégradations qui y seront survenues, et le quartier-maître tiendra note de la compagnie ou de la chambrée à la charge de laquelle ces dégradations devront être portées, pour que la retenue lui en soit faite.

Estimation des effets manquant.

23. Si par le recensement qui sera fait du nombre des fournitures rapportées au magasin, comparé avec l'état de celles qui auront été délivrées au corps, appuyé des reçus dont le garde-magasin sera porteur, il s'en trouve quelques-unes d'égarées ou perdues, la valeur en sera estimée comme bons, par les experts, pour être remboursée au garde-magasin par la chambrée.

Recensement des bois de lits et paillasses, restés dans les chambres, et estimation des dégradations.

24. Immédiatement après la remise des fournitures, il sera procédé de la même manière à celle des bois de lits et paillasses, dans les chambres des casernes; et en cas de déficit ou de dégradations provenant du fait de la troupe, il y sera pourvu comme pour les fournitures qui se remettent dans les magasins.

Estimation des dégradations des effets et ustensiles de casernes.

25. Dans le cas où les effets et ustensiles de casernes appartiendroient au propriétaire des lits militaires, le montant des dégradations, évaluées par experts, sera acquitté au garde-magasin des lits, de la même manière que celui des dégradations survenues aux fournitures.

Reprise des effets et fournitures dans les logemens d'officiers.

26. Il sera procédé pareillement à la reprise des effets et fournitures dans les chambres et

pavillons qui auront été occupés par les officiers du corps, et ce, suivant qu'il sera expliqué ci-après, au titre concernant les lits d'officiers.

Procès-verbal dressé par le commissaire des guerres, de la remise des fournitures de lits.

27. Lorsque ces diverses opérations seront terminées, il en sera dressé, par le commissaire des guerres, un procès-verbal, dans lequel il indiquera le nombre et la nature des effets perdus et détériorés, avec l'estimation qui en aura été faite par les experts.

Ce procès-verbal, qui aura été dressé sur-le-champ et sans désemparer, sera signé par le quartier-maître, ou autre officier nommé par le conseil d'administration, par le garde-magasin, par les experts, et clos par le commissaire des guerres.

Il en sera délivré deux copies au garde-magasin, dont l'une pour servir à l'appui de sa comptabilité, et l'autre pour servir à son remboursement.

Remboursement par la trésorerie nationale, des dégradations, et valeur des effets perdus

28. Ce procès-verbal, ainsi rédigé et signé, devra être visé du commissaire-ordonnateur de la division, et le montant sera acquitté par le payeur des dépenses de la guerre, ou par la trésorerie nationale elle-même; lesquels sont autorisés à en faire le remboursement au propriétaire des lits militaires, sur la copie légale du procès-verbal.

Si cette somme est acquittée par un payeur, il sera tenu d'envoyer de suite la copie du procès-verbal à la trésorerie nationale.

Mode de la retenue à exercer sur les corps par la trésorerie nationale.

29. La trésorerie nationale ayant, par elle-

même ou par un payeur, acquitté la somme due par le corps, sera tenue de faire passer, sans délai, la copie du procès-verbal au payeur-général du lieu, ou à celui de l'armée où le corps aura eu ordre de se rendre, afin qu'elle soit remise pour comptant sur les premiers prêts qu'il devra payer au corps, ainsi qu'il est énoncé aux articles 22, 23, 24 et 25 de la première section du titre VIII du décret du 2 thermidor, l'an deuxième, concernant la solde des troupes.

Remplacement dans le magasin des effets manquant, dont la valeur aura été remboursée à l'entrepreneur.

30. Le commissaire des guerres ordonnera que les effets perdus par les corps, et dont la valeur aura été remboursée au propriétaire des lits, soient remplacés par ses soins, en même nombre et nature, dans le courant du trimestre suivant, afin que le nombre de fournitures fixé pour le service de chaque place, soit toujours complet : faute par le propriétaire des lits de remplacer les effets perdus par les corps, et dont il auroit reçu le remboursement, ou de faire mettre en bon état ceux qui auroient été dégradés, il lui sera fait déduction d'autant sur le prix de son loyer.

Le commissaire des guerres tiendra exactement la main à l'exécution de cet article, et exigera celle du marché de l'entrepreneur, dont il se fera remettre une copie à l'époque du premier vendémiaire prochain.

SECTION III.

Lits d'officiers.

ARTICLE PREMIER.

Présence du garde-magasin des lits, à la prise de possesion des logemens d'officiers.

Le garde-magasin des lits militaires sera présent à la prise de possession du logement du pavillon destiné pour les officiers. Il aura soin de se pourvoir, à ses frais, d'un nombre suffisant d'imprimés d'états en blanc, conformes au modèle annexé au présent règlement, sous le n.º 12.

Ces états seront remplis en double, en présence de l'officier qui prendra possession du logement, et en celle du casernier, du nombre des effets dont chaque chambre sera garnie.

Si quelques effets manquoient à l'ameublement du logement, l'officier les fera chercher au magasin des lits, et il en donnera un reçu particulier.

Reçus provisoires délivrés au garde-magasin des lits, des effets d'ameublement des logemens d'officiers.

2. Le quartier-maître ou l'officier qui, avant l'arrivée du corps, aura pris possession des logemens d'officiers, sera tenu de mettre son reçu au bas de l'état des effets que chacun d'eux contiendra ; ce reçu restera entre les mains du garde-magasin, et ledit quartier-maître ou officier se chargera des clefs, au fur et à mesure du recensement de chaque chambre.

Échanges des reçus provisoires, par ceux des officiers qui occuperont les logemens.

3. Le quartier-maître ou l'officier aura soin, pour sa garantie, de se faire remettre par celui auquel il délivrera le logement, un reçu au bas de l'état qu'il aura gardé, de la quantité d'effets que ce logement renfermera; et quand il aura réuni tous les reçus en nombre égal à ceux qu'il aura délivrés au garde-magasin, il échangera lesdits reçus contre les siens, et ceux signés de chaque officier resteront alors entre les mains du garde-magasin.

Clefs des logemens d'officiers, déposées entre les mains du quartier-maître, pour faciliter le recensement des effets d'ameublement.

4. Lorsqu'un corps devra partir, et avant qu'à cet effet il ne soit assemblé sous les armes, le commandant de ce corps ordonnera à tous les officiers qui étoient logés dans les chambres des bâtimens militaires, de déposer les clefs de leurs logemens entre les mains de l'adjudant - sous-officier chargé de rester pour rendre les bâtimens et les fournitures, afin qu'immédiatement après cette remise, on puisse faire celle des chambres d'officiers et des effets dont elles étoient garnies, sans déplacer lesdits effets.

Estimation des dégradations, et valeur des effets perdus dans les logemens d'officiers.

5. Le garde-magasin sera porteur de tous les reçus qu'il aura de chaque logement d'officier, et au fur et à mesure de la vérification, il notera au bas de cette pièce l'état des dégradations, et l'estimation des effets qui pourroient manquer.

Mode d'estimation et du remboursement de ces effets.

6. La valeur des dégradations ou pertes d'effets des chambres d'officiers, sera estimée par les mêmes experts, et dans la même forme que pour les lits et effets des casernes ; le montant en sera porté dans le procès-verbal mentionné aux articles 26 et 27, section II, titre IV du présent règlement, et acquitté de la même manière.

TITRE V.

Propreté dans les casernes et pavillons.

SECTION PREMIÈRE.

Propreté intérieure.

ARTICLE PREMIER.

Chambres aérées, pour changer l'air.

Les chambres des casernes occupées par les troupes seront aérées tous les matins, immédiatement après le lever, par l'ouverture de toutes les fenêtres; de même à onze heures, après la soupe du matin, et vers cinq heures, après celle du soir, et plus souvent, suivant la saison et la température

Genièvre brûlé dans les chambres, en cas de mauvaise odeur.

En cas de mauvaise odeur provenant de la chaleur ou de quelqu'autre cause que ce soit, il y sera brûlé du genièvre deux fois par jour, le matin après le lever, et le soir après la soupe.

Lits découverts aussitôt le lever de la troupe, et nettoiement de la chambre.

2. Immédiatement après le lever, les lits seront découverts pendant une demi-heure, au moins, et refaits aussitôt avec la plus grande célérité, de manière que tout soit en bon ordre, et la chambre arrosée et balayée une heure après le lever, pour la visite de l'officier de la compagnie.

La chambre sera encore arrosée et balayée après la soupe du matin, et balayée seulement après celle du soir.

*Achat de balais, genièvre, arrosoirs, aux
frais des ordinaires.*

Les balais, le genièvre, les arrosoirs et autres
ustensiles de propreté, seront fournis par la chambrée, et achetés sur l'ordinaire, par le chef.

*Chambres d'ordinaires, soignées plus particu-
lièrement.*

3. Les chambres destinées à faire ordinaire, exigeant un soin plus particulier, à cause de la poussière du chauffage et de l'odeur des alimens, les
chefs d'ordinaires seront tenus de prendre les précautions les plus grandes pour que ces inconvéniens ne se fassent point appercevoir, ou qu'on
n'en puisse imputer à leur négligence. Ils feront
usage à cet effet des moyens de propreté et de sa-
lubrité prescrits par l'article précédent, lesquels
seront renouvelés aussi souvent que le besoin
l'exigera.

*Un homme ou deux par chambrée, nommés
journellement pour le service de propreté.*

4. Les murs, les bois de lits, les bancs, les planches à pain et les rateliers d'armes, seront essuyés
tous les jours, et entretenus dans un état de propreté suffisant pour que la poussière et l'humidité
ne s'y attachent point.

Il sera nommé, chaque jour, un homme ou deux
par chambrée, pour le balaiement et le nettoiement et les autres corvées intérieures et journalières que la propreté exigera.

*Propreté des chambres, escaliers, corridors
d'officiers, à leurs frais, par les soins du
casernier.*

5. Les officiers logés dans les pavillons auront
attention d'en tenir également les chambres, corridors, escaliers et cours, en état de propreté, à
leurs frais, et le casernier sera chargé de ce soin,

comme il est dit, titre premier , article 6 ; les officiers seront solidairement responsables de leur négligence à cet égard au commandant du corps , et celui-ci au commandant de la place.

Logemens évacués, rendus dans un état de propreté très-convenable.

6. Tout corps de troupes qui évacuera un logement, ou pour telle raison, et avec quelque précipitation que ce soit, pourvu que son départ lui ait été annoncé au moins la veille, aura soin de rendre toutes les chambres , corridors et escaliers , dans un état de propreté convenable, pour la réception de tel autre corps qui viendroit à le remplacer.

Le commandant du corps responsable de l'exécution.

Le commandant du corps sera personnellement responsable de l'exécution du présent article.

Idem.

7. A cet effet , aussitôt que les fournitures qui ordinairement devront être rendues la veille du départ, seront sorties des casernes, le commandant du corps ordonnera que les chambres, corridors et escaliers soient balayés et nettoyés ; faute de quoi , immédiatement après le départ de la troupe , il y seroit pourvu sur les ordres du commissaire des guerres , et par les soins du casernier , lequel sera autorisé d'employer sur-le-champ le nombre d'ouvriers nécessaires pour que le logement soit remis en état d'être occupé dès le même jour, si le besoin l'exige.

Procès-verbal qui constate les frais occasionnés pour le nettoiement , et retenus sur la solde du commandant.

Il sera dressé un procès-verbal de cette opération et des frais qu'elle aura occasionnés , pour lesdits frais être acquittés par le payeur de la guerre, et la retenue en être faite sur les premiers payemens de solde à faire au commandant du corps.

Exécution de l'article précédent, malgré le départ précipité d'un corps.

8. Dans le cas d'un départ précipité, cette opération se fera toujours pendant le temps qu'on rendra les fournitures ; néanmoins si la troupe est obligée de partir avant de l'effectuer, le commandant du corps laissera toujours un officier avec un détachement pour y procéder, lesquels ne pourront rejoindre le corps qu'après l'entière exécution du nettoiement de la caserne dans le même jour, et sur la responsabilité de l'officier, sans cependant que le commandant du corps qui devra donner les ordres convenables à ce sujet, cesse d'être responsable de leur exécution.

Propreté exigée dans les logemens d'officiers.

9. La même opération de propreté aura lieu dans les pavillons, aux frais des officiers qui les auront occupés : ils seront pareillement tenus de les rendre en état d'être habités sur-le-champ par les officiers du corps qui viendroient les remplacer, excepté que le recensement des fournitures pourra se faire dans les chambres, ainsi qu'il a été dit ci-dessus.

Responsabilité du commandant du corps, de cette exécution.

Dans le cas où les officiers auroient négligé de se conformer à la disposition qui précède, le commandant du corps en sera pareillement responsable, et la retenue lui en sera faite comme par l'article précédent, sauf son recours contre les officiers.

SECTION II.

Propreté extérieure.

ARTICLE PREMIER.

Propreté exigée le long des murs des casernes et pavillons.

Défense expresse de jeter aucune ordure par les fenêtres.

Il est expressément défendu à tout officier, soldat et autre, de faire aucune ordure contre les murs des casernes et pavillons, ni d'en jeter par les fenêtres, tant dans les cours qu'à l'extérieur, et la consigne en sera donnée aux portes des quartiers et pavillons.

Baquets placés pour recevoir les urines.

2. Il sera disposé des deux côtés de chaque escalier de casernes, des baquets garnis de cercles et d'anses de fer, pour recevoir les urines, et tout officier ou soldat qui seroit pris en contravention de l'article précédent, sera arrêté et puni, l'officier par les arrêts, le soldat par un jour de corvée de propreté, en sus de son tour de rôle.

Latrines.

3. Les latrines seront tenues dans la plus grande propreté, et ceux qui les gâteroient par négligence ou mauvaise intention, seront punis comme dans l'article précédent.

Quatre hommes par compagnie, pour le service extérieur de propreté des corridors, escaliers et cours des casernes.

4. Il sera pris, chaque jour, à tour de rôle, quatre hommes par compagnie, pour faire le service extérieur de propreté des corridors, escaliers et cours des quartiers ; et si, pendant le temps

qu'ils emploieront à cette fonction, ils devoient être commandés pour un autre service, ils seroient sur-le-champ remplacés par quelqu'autre de leurs camarades, dans le même ordre du tour de rôle.

Service journalier de propreté.

5. Leur travail commencera, dès la pointe du jour, par le nettoiement des baquets, qui seront transportés et vidés dans un endroit désigné à cet effet, où il y aura écoulement, et ensuite nettoyés, rincés.

Ils passeront ensuite et aussitôt au nettoiement des latrines, où il sera jeté de l'eau, s'il est jugé nécessaire, et enfin, immédiatement après que le nettoiement intérieur des chambres aura été achevé, ils s'occuperont de celui des corridors, des escaliers et des cours, ainsi que de l'extérieur des bâtimens, à la distance de quatre toises du pied des murs; le tout suivant la disposition extérieure des bâtimens, et autant que les localités pourront le permettre.

Propreté des écuries.

6. Dans les casernes et pavillons destinés pour la cavalerie, la propreté des écuries ne sera pas moins soignée que celle des chambres, suivant les règlemens relatifs à cette arme, et la propreté des cours y sera maintenue avec le plus grand soin, de manière que le fumier ne s'y accumule jamais, et soit enlevé tous les jours.

Responsabilité des commandans de corps, pour l'exécution du présent règlement.

7. Les commandans des corps, investis de toute l'autorité nécessaire pour faire exécuter les dispositions du présent règlement, seront toujours personnellement responsables des contraventions qu'ils n'auroient pas empêchées ou redressées par la punition. Leur vigilance, à cet égard, est une partie essentielle des devoirs de leur état, et peut

influer beaucoup sur la santé et la conservation de leurs frères d'armes.

Propreté des logemens évacués, entrenue par le casernier.

8. Lorsqu'il y aura quelques chambres vacantes dans une caserne ou pavillon, le casernier devant en prendre les clefs, sera dès-lors chargé d'y maintenir la propreté, ainsi que dans les escaliers et corridors qui y conduisent, et il les arrosera fréquemment, pour empêcher qu'il ne s'y introduise des insectes.

Balais et arrosoirs, remboursés au casernier.

Lorsque des bâtimens entiers seront vacans, le casernier sera seul chargé de les tenir en état de propreté, tant à l'intérieur qu'à l'extérieur ; en conséquence, les balais et arrosoirs dont il aura besoin, lui seront remboursés sur un état arrêté par le commissaire des guerres, et ordonnancé sur les fonds affectés au casernement.

Plaintes des troupes sur la nature des logemens, adressées au commissaire des guerres.

Cas où la plainte sera soumise au commissaire-ordonnateur.

9. Les plaintes que les troupes auront à porter, tant sur la nature du logement que sur la qualité des effets et ustensiles de casernes, ou sur celle des fournitures, de quelqu'espèce qu'elles puissent être, seront adressées au commissaire des guerres, qui les communiquera à qui de droit, pour y répondre, lorsqu'il n'aura pu les terminer d'abord par la voie de conciliation. Si l'objet est trop majeur, ou que les parties ne soient pas satisfaites, le commissaire des guerres, après avoir dressé procès-verbal de leurs demandes et des réponses qui y auront été faites, enverra le tout au commissaire-ordonnateur, lequel dé-

cidera provisoirement sur les difficultés, et en rendra compte sur-le-champ à la commission du commerce et approvisionnemens, qui prendra sur le tout la décision définitive du comité de salut public.

TITRE VI.

Ustensiles de cuisine.

ARTICLE PREMIER.

Effets de campement, marmites, casseroles, gamelles et bidons, rendus dans les magasins, à l'arrivée d'une troupe en garnison.

LORSQU'UN corps ou détachement rentrera du camp dans les casernes, le commissaire des guerres requerra le commandant de la place d'ordonner que tous les effets de campement que cette troupe auroit à sa disposition, soient versés dans le magasin des effets militaires le plus voisin de sa garnison, de même que les marmites, casseroles, gamelles et bidons, afin d'éviter leur dépérissement, ou de les faire réparer pour l'usage des camps, auquel ils sont uniquement destinés.

Ustensiles de cuisine, fournis aux frais des compagnies.

2. Les troupes en garnison devant se munir, à leurs frais, de tous les ustensiles de cuisine, dans les casernes, ne pourront en exiger des magasins militaires ; en cas de besoin, et lorsqu'il aura été constaté qu'il n'existe chez les marchands, ni pots, ni gamelles en terre, et que la troupe est par cette raison dans l'impossibilité de s'en procurer par elle-même, le commissaire des guerres mettra en usage les moyens ci-après indiqués.

Réquisition par le commissaire des guerres, aux municipalités, de procurer à la troupe les ustensiles de cuisine nécessaires.

Recensement à faire, par la municipalité, de ces ustensiles chez les chaudronniers et boulangers.

3. Il requerra les municipalités de faire fournir les ustensiles de cuisine nécessaires, par les chaudronniers et boulangers qui, dans toutes les villes de garnison, les louent ordinairement aux troupes; à cet effet, chaque municipalité se procurera un recensement général de toutes les marmites, gamelles et casseroles dont ces particuliers seroient pourvus; elle en tiendra un état exact, et en mettra en réquisition le nombre qui sera nécessaire, pour en disposer, en cas de besoin, de la manière suivante.

Réquisition, en cas d'insuffisance des ustensiles de cuisine, chez les citoyens les plus aisés.

4. Dans le cas où la municipalité ne trouveroit point une quantité suffisante de ces effets chez les chaudronniers, boulangers ou autres citoyens qui en auroient fournis à loyer jusqu'alors, elle en mettra un nombre suffisant en réquisition chez les habitans les plus aisés, et les fera déposer, à sa disposition, chez un particulier qu'elle chargera de la distribution de ces effets, mais la valeur de chacun d'eux sera toujours estimée, avant d'être délivré.

Étamage des ustensiles de cuisine, et à quels frais.

Tous les ustensiles en cuivre qui devront servir à cet usage, seront étamés d'après les ordres de la municipalité, et assez souvent pour éviter les dangers de la négligence : cette dépense sera acquittée sur le produit du loyer; et s'il étoit insuffisant, le propriétaire y suppléera.

Surveillance de la municipalité , pour cette précaution.

La municipalité portera une surveillance exacte à cette précaution , et lorsqu'elle jugera à propos de faire cette opération , elle en préviendra le commandant du corps, qui sera personnellement responsable des difficultés qui s'opposeroient à son exécution.

État de la quantité d'ustensiles nécessaires , fournis à la municipalité.

5. Lorsqu'un corps sera arrivé dans une garnison, le commandant fera dresser un état de la quantité de marmites , casseroles et gamelles qui seront nécessaires aux ordinaires des soldats ; il le remettra à la municipalité , qui , sur le reçu du conseil d'administration, fera délivrer la quantité de ces effets dont le corps aura besoin.

Loyer des ustensiles de cuisine , à charge de la troupe.

6. Le loyer de ces effets sera payé par le conseil d'administration, au moment du départ de chaque corps ; et en cas de résidence , de trois mois en trois mois.

Le prix de ce loyer sera fixé ainsi qu'il suit :

Pour marmite de grandeur à contenir la soupe de seize hommes, garnie de son couvercle servant de casserole, par jour, un sol six deniers, ci. 1*ſ* 6δ.

Pour une semblable marmite, sans casserole , un sol, ci. . . . . 1 »

Pour une gamelle suffisante à huit hommes , six deniers, ci. . . . . » 6

Pour celle à seize hommes , neuf deniers , ci. . . . . » 9

Le plus souvent possible on fera usage de gamelles de terre , que les hommes d'ordinaire acheteront à leur compte , de même que des cruches qui tiendront lieu de bidons.

Propreté à exercer sur les ustensiles de cuisine.

7. Afin d'éviter les accidens qui souvent sont résultés de la négligence et de la malpropreté dans la manière de préparer la soupe, il est expressément ordonné au chef de chaque ordinaire, et sous les peines les plus graves, de faire recurer avec du sablon, et en sa présence, les marmites, couvercles, casseroles et gamelles, de quelque matière qu'elles soient, toutes les fois que l'on devra en faire usage.

Obligation de l'officier de visite de la compagnie, de se faire représenter journellement ces ustensiles.

Pour être d'autant plus certain de l'observation de cette opération, l'officier de la compagnie qui fera la visite le matin, avant la soupe, se fera représenter ces effets.

Remise des ustensiles de cuisine, au moment du départ d'un corps.

8. La veille ou le jour, mais toujours avant le départ d'un corps, le commandant donnera les ordres les plus exprès pour que les effets à l'usage de la cuisine, qui auront été procurés à son corps, soient reportés, par le soin du sergent-major, chez la personne qui aura été désignée par la municipalité, pour les recevoir.

Estimation des dégradations, et valeur des effets manquant.

Ils seront examinés, et en cas de dégradations, autres que celles provenantes de l'usage, ces dégradations seront estimées et payées au propriétaire des ustensiles, de la même manière que celles des fournitures des lits.

Si quelques-uns de ces effets étoient perdus, la valeur en sera de même payée, et ensuite retenue sur le prêt des individus, chambrées ou compagnies.

Payement

Payement du loyer des ustensiles.

9. Les membres des conseils d'administration des corps seront solidairement responsables du payement du loyer des effets énoncés au présent titre, ainsi que de la valeur de ceux perdus ou cassés, et de tous les articles qu'il renferme ; l'autorité qu'ils ont en main pour cette exécution les rendroit inexcusables de la moindre négligence à cet égard.

Impression et envoi des contrôles et états par la commission de commerce et approvisionnemens.

10. La commission de commerce et approvisionnemens, que le casernement concerne particulièrement, sera chargée de tenir la main à l'exécution du présent règlement ; elle prescrira à tous les commissaires des guerres de lui renvoyer, dans la première décade du mois de vendémiaire de chaque année, tous les contrôles des pavillons et quartiers, visés et certifiés par eux, qui auront été tenus par le conservateur des bâtimens militaires, pour le service du logement de l'année précédente : cette même commission enverra d'avance, et dans le courant de fructidor, à compter de la présente année, à tous les commissaires-ordonnateurs des divisions militaires, le nombre suffisant de contrôles en blanc, pour les pavillons et quartiers, conformes aux modèles, n.ᵒˢ 5 et 6, qu'elle fera imprimer, lesquels seront répartis aux commissaires des guerres, dans toutes les places de leur arrondissement, et ensuite distribués aux conservateurs des bâtimens militaires, qui y transporteront la situation où se trouvoit le logement de chaque corps de bâtiment, à l'époque du dernier jour de l'année précédente, afin qu'ils puissent y suivre les mouvemens qui y surviendront dans la suite.

Elle fera aussi imprimer un nombre suffisant

Logem. et Casern.   K

d'états conformes aux modèles , n.ᵒˢ 3 , 4 , 7 et
8 , annexés au présent règlement , dont l'envoi
sera fait aux commissaires - ordonnateurs des
guerres , avec les contrôles n.ᵒˢ 5 et 6.

ADDITION

Au règlement précédent.

Du 25 vendémiaire, l'an 3.ᵉ de la république françoise ,
une et indivisible.

Le Comité de salut public jugeant utile d'ajouter
au règlement du 3o thermidor dernier, concernant
les bâtimens militaires, des mesures propres à en
étendre les dispositions et à en faciliter l'exécution, principalement dans les lieux qui ne sont
ni places de guerre, ni postes militaires, et où
cependant il peut exister un état de garnison ;
Arrête :

Article premier.

Les dispositions de ce règlement relatives aux
bâtimens militaires qui se trouvent dans les places
de guerre et postes militaires, auront également
lieu à l'égard de tous autres bâtimens servant
habituellement au logement des troupes, en quelque lieu du territoire de la république qu'ils se
trouvent situés, sauf les modifications énoncées
dans les articles suivans.

2. Dans tous les lieux où il ne se trouvera ni commandans ni adjudans de place, les fonctions de
surveillance qui leur sont attribuées quant au logement par le titre premier du susdit règlement,
seront remplies par le commandant de la troupe, ou
par les officiers que ces commandans jugeront à
propos de désigner à cet effet.

3. Lorsqu'il n'y aura point d'ingénieurs militaires sur les lieux, ces ingénieurs seront suppléés par les ingénieurs civils, ou par tels autres agens que la commission des travaux publics nommera à cet effet.

4. Lorsqu'il sera établi quelque garnison permanente dans les lieux des divisions militaires où il ne se trouve pas habituellement de commissaires des guerres, le commissaire-ordonnateur de la division chargera du service de cet établissement le commissaire des guerres le plus à portée du lieu où il sera formé, et ce commissaire des guerres sera tenu de s'y transporter aussitôt et toutes les fois que sa présence pourra y être indispensablement nécessaire.

A défaut de commissaire des guerres, l'agent national de la commune exercera sa surveillance sur les détails relatifs au casernement, et suppléera le commissaire des guerres dans les opérations y relatives qui lui sont confiées.

5. Dans le cas prévu par l'article second ci-dessus, l'officier de visite sera responsable au commandant de la troupe de l'exécution des articles du règlement qui le concernent; il lui remettra journellement le résultat sommaire, et par écrit, de sa visite, et en cas de négligence de sa part, il sera puni des arrêts.

6. Les conservateurs des bâtimens affectés au logement des troupes, qui sont ou peuvent être établis dans les lieux où il n'en existe pas, seront assimilés pour le traitement aux conservateurs des bâtimens militaires, suivant que le lieu dans lequel ils seront employés pourroit les faire ranger dans l'une des classes d'appointemens déterminés par l'article 3, section II du titre II du susdit règlement, et aussi à raison de l'étendue et des difficultés de leur service; la classe sera déterminée par la commission des travaux publics, avec l'approbation du comité de salut public.

7. Les bâtimens militaires situés à Paris étant

très-éloignés les uns des autres, et le service
extraordinaire qui s'y fait exigeant une surveillance particulière, les trois conservateurs qui
seront employés dans cette commune, jouiront
du traitement de dix-huit cents livres, et les
caserniers de celui de douze cents livres *par an*;
les conservateurs seront logés de manière à être
le plus à portée possible de leur service.

8. Le nombre des caserniers, déterminé par le
règlement du 30 thermidor dernier, ne devant
jamais excéder celui strictement nécessaire aux
besoins réels du service ; la commission des travaux publics, sur les informations qui à cet
égard pourront lui être données, tant par les
commissaires des guerres que par les ingénieurs
militaires ou civils, chargés des détails relatifs
aux bâtimens affectés au logement des troupes,
est autorisée à réduire ce nombre autant qu'elle
le jugera convenable, et à confier à cet effet aux
caserniers la surveillance d'un plus grand nombre
de chambres que celui déterminé par le règlement.

Ces dispositions seront également applicables
aux caserniers employés dans les places de guerre
et postes militaires.

9. Il sera établi deux conservateurs dans chacune des places de Lille, Metz, et Strasbourg.

10. A l'avenir, les gardes de fortifications ne
devant être chargés que de la surveillance relative à l'exécution des travaux de la fortification,
et à la conservation des ouvrages qui en dépendent, le service des casernes ne fera plus partie
de celui qui leur est proprement affecté comme
gardes de fortifications. Ceux d'entre ces gardes
qui étoient chargés particulièrement de la surveillance des casernes ou pavillons, ne pourront,
quant à présent, être nommés conservateurs ou
caserniers des bâtimens affectés au logement des
troupes, que sur la proposition formelle du directeur des fortifications ; et dans ce cas, ils ne
pourront toucher que le traitement affecté au

conservateur ou casernier : dorénavant, les nominations à ces sortes d'emplois seront faites dans les formes prescrites par l'article 3 du titre II, section première du règlement du 3o thermidor.

11. La commission des travaux publics est chargée de l'exécution du présent arrêté.

TABLE.

A METZ,

Chez COLLIGNON, Imprimeur-Libraire pour
l'art militaire.

PAVILLONS.

N.o 1.

Art. 1.er, IV.e section du titre II,

pavillon d

ÉTAT de tous les logemens d'officiers, occupés et non occupés dans le .... de la place de Lille, à l'époque du

NUMÉROS		PAR QUI OCCUPÉS.	NOMBRE DE LOGEMENS				OBSERVATIONS.
des escaliers.	des chambres.		de chefs.	de capitaines	de lieut. et de sous-lieut.	de domestiques	
		FELIX, chef de bataillon, 20.e rég. d'infant.	1	»	»	1	*Nota.* Chaque escalier devra être détaillé.
		SIMONS, capitaine, Idem. . . .	»	1	»	1	Les logemens des ca-
3		MOULINS, Idem. Idem. . . .	»	1	»	1	serniers seront dési-
4		JANON, Idem. Idem. . . .	»	1	»	1	gnés, et chaque loge-
5		MAUSON, Idem. Idem. . . .	»	1	»	1	ment quelconque sera renseigné.
6		NANIN, lieutenant, MILLET, sous-lieutenant, } Idem. . . .	»	»	»	1	
7		MICHEL, lieutenant, DAVID, sous-lieutenant, } Idem. . . .	»	»	1	1	On a supposé que chaque pavillon étoit composé de quatre es-
8		MICHAUD, lieutenant, } Idem. . . .	»	»	1	1	caliers de chacun huit